2018

中国渔业统计年鉴

农 业 农 村 部 渔 业 渔 政 管 理 局
全国水产技术推广总站　中国水产学会
编制

中 国 农 业 出 版 社
北 京

《中国渔业统计年鉴》编辑委员会

编 者 说 明

一、《中国渔业统计年鉴》以正式出版年份标序。其统计数据起讫日期:渔民家庭收支调查起讫时间为2016年11月1日至2017年10月31日;全国渔业基础设施情况为截至2017年12月31日累计数据;渔业科技统计数据起讫时间为2016年1月1日至12月31日;其他数据起讫时间为2017年1月1日至12月31日。

二、统计数据中,远洋渔业数据按照远洋渔业管理办法进行统计;水产品贸易数据来源于中国海关统计;渔业基础设施、渔政管理、渔业科技数据来源于农业农村部相关统计资料;技术推广数据来源于全国水产技术推广总站、中国水产学会;其余数据来源于31个省、自治区、直辖市渔业主管部门和中国农业发展集团总公司。

三、主要统计指标数据执行2015年度国家统计局批准执行的统计指标体系(国统制〔2015〕164号)。

四、度量衡单位均采用国际统一标准计量单位。涉及水产品产量数字一律采用1996年制定的水产品产量统计新标准统计。

五、部分数据合计数或相对数由于单位取舍不同而产生的计算误差,均未做机械调整。

六、全国统计数据中,均未包括香港特别行政区、澳门特别行政区和台湾省。

七、各表中的“空格”表示该项统计指标数据不足本表最小单位数、数据不详或无该项数据。

八、本年鉴数据如有误列,敬请及时指正。

2017 年全国渔业统计情况综述

一、全社会渔业经济总产值

按当年价格计算，全社会渔业经济总产值 24 761.22 亿元，其中渔业产值 12 313.85亿元、渔业工业和建筑业产值 5 666.62 亿元、渔业流通和服务业产值 6 780.76亿元。

渔业产值中，海洋捕捞产值 1 987.65 亿元，海水养殖产值 3 307.40 亿元，淡水捕捞产值 461.75 亿元，淡水养殖产值 5 876.25 亿元，水产苗种产值 680.80 亿元（渔业产值以国家统计局年报数为准）。

二、渔民人均纯收入

据对全国 1 万户渔民家庭当年收支情况抽样调查，全国渔民人均纯收入 18 452.78元，比上年增加 1 548.58 元、增长 9.16%。

三、水产品产量及人均占有量

全国水产品总产量 6 445.33 万吨，比上年增长 1.03%。其中，养殖产量 4 905.99万吨，占总产量的 76.12%，同比增长 2.35%；捕捞产量 1 539.34 万吨，占总产量的 23.88%，同比降低 2.96%。全国水产品人均占有量 46.37 千克（人口 139 008 万人），比上年减少 0.23 千克、降低 0.50%。

在国内渔业生产中，鱼类产量 3 609.71 万吨，甲壳类产量 691.50 万吨，贝类产量 1 528.09 万吨，藻类产量 225.54 万吨，头足类产量 61.66 万吨，其他类产量 120.22 万吨。

总产量中，海水产品产量 3 321.74 万吨，占总产量的 51.54%，同比增长 0.62%；淡水产品产量 3 123.59 万吨，占总产量的 48.46%，同比增长 1.47%。

海水养殖：海水养殖产量 2 000.70 万吨，占海水产品产量的 60.23%，比上年增加 85.39 万吨、增长 4.46%。其中，鱼类产量 141.94 万吨，比上年增加 11.05 万吨、增长 8.44%；甲壳类产量 163.12 万吨，比上年增加 12.70 万吨、增长8.44%；贝类产量 1 437.13 万吨，比上年增加 47.76 万吨、增长 3.44%；藻类产量 222.78 万吨，比上年增加 12.08 万吨、增长 5.73%。海水养殖鱼类中，大黄鱼产量最高，为 17.76 万吨；鲈鱼产量位居第二，为 15.66 万吨；石斑鱼产量位居第三，为 13.15

万吨。

淡水养殖：淡水养殖产量2 905.29万吨，占淡水产品产量的93.01%，比上年增加27.40万吨、增长0.95%。其中，鱼类产量2 540.98万吨，比上年增加0.88万吨、增长0.03%；甲壳类产量291.85万吨，比上年增加28.19万吨、增长10.69%；贝类产量21.48万吨，比上年减少2.33万吨、降低9.77%。淡水养殖鱼类产量中，草鱼最高，产量534.56万吨；鲢鱼位居第二，产量385.28万吨；鳙鱼位居第三，产量309.80万吨。甲壳类产量中，虾类产量216.76万吨，其中，南美白对虾和青虾养殖产量分别为59.15万吨和24.07万吨；蟹类（专指河蟹）产量75.09万吨，同比增加0.30%。贝类产量中，河蚌产量6.94万吨。其他类产量中，鳖产量32.21万吨，比上年减少0.96万吨；珍珠产量0.09万吨，比上年减少0.06万吨。

海洋捕捞：海洋捕捞（不含远洋）产量1 112.42万吨，占海水产品产量的33.49%，比上年减少74.78万吨、降低6.30%。其中，鱼类产量765.22万吨，比上年减少55.63万吨、降低6.78%；甲壳类产量207.60万吨，比上年减少10.59万吨、降低4.85%；贝类产量44.29万吨，比上年减少1.96万吨、降低4.24%；藻类产量2.00万吨，比上年减少0.32万吨、降低13.65%；头足类产量61.66万吨，比上年减少3.18万吨、降低4.9%。海洋捕捞鱼类产量中，带鱼产量最高，为101.23万吨，占鱼类产量的13.23%；其次为鳀鱼，产量为70.37万吨，占鱼类产量的9.20%。

淡水捕捞：淡水捕捞产量218.30万吨，占淡水产品产量的6.99%，比上年增加17.96万吨、增长8.97%。其中，鱼类产量161.58万吨，比上年增加16.39万吨、增长11.29%；甲壳类产量28.93万吨，比上年增加0.27万吨、增长0.95%；贝类产量25.18万吨，比上年增加1.51万吨、增长6.39%；藻类373吨，比上年减少4吨、降低1.06%。

远洋渔业：远洋渔业产量208.62万吨，占海水产品产量的6.28%，比上年增加9.87万吨、增加4.97%。

四、水产养殖面积

全国水产养殖面积7 449.03千公顷，比上年增加3.49千公顷、增长0.05%。其中，海水养殖面积2 084.08千公顷，占水产养殖总面积的27.98%，比上年减少14.03千公顷、降低0.67%；淡水养殖面积5 364.96千公顷，占水产养殖总面积的72.02%，比上年增加17.52千公顷、增长0.33%。

海水养殖面积：鱼类养殖面积为89.92千公顷，比上年减少11.57千公顷、降低11.40%；甲壳类养殖面积299.05千公顷，比上年减少6.76千公顷、降低

2.21%；贝类养殖面积 1 286.77 千公顷，比上年减少 16.02 千公顷、降低 1.23%；藻类养殖面积 145.26 千公顷，比上年增加 11.85 千公顷、增长 8.88%。

淡水养殖面积：池塘养殖面积 2 527.78 千公顷，比上年增加 80.71 千公顷、增长 3.30%；水库养殖面积 1 615.41 千公顷，比上年减少 28.73 千公顷、降低 1.75%；湖泊养殖面积 886.49 千公顷，比上年减少 28.22 千公顷、降低 3.09%；河沟养殖面积 213.74 千公顷，比上年减少 6.28 千公顷、降低 2.85%；其他养殖面积 121.54 千公顷，比上年增加 0.04 千公顷、增长 0.03%；稻田养成鱼面积 1 682.69 千公顷，比上年增加 198.69 千公顷、增长 13.39%。池塘、湖泊、水库、河沟和其他养殖方式面积分别占淡水养殖总面积的 47.12%、16.52%、30.11%、3.98%、2.27%。

五、渔船拥有量

年末渔船总数 94.62 万艘、总吨位 1 082.36 万吨。其中，机动渔船 59.93 万艘、总吨位 1 038.63 万吨、总功率 2 108.90 万千瓦；非机动渔船 34.68 万艘、总吨位为 43.73 万吨。

机动渔船中，生产渔船 57.53 万艘、总吨位 927.23 万吨、总功率 1 879.56 万千瓦。生产渔船中，捕捞渔船 39.14 万艘、总吨位 854.19 万吨、总功率 1 669.60 万千瓦；养殖渔船 18.39 万艘、总吨位 73.04 万吨、总功率 209.96 万千瓦。

机动渔船中，海洋渔业机动渔船 24.47 万艘、总吨位 898.67 万吨、总功率 1 680.66万千瓦。海洋渔业机动渔船中，海洋捕捞渔船 16.63 万艘、总吨位 764.92万吨、总功率 1 378.26 万千瓦，分别比上年减少了 1.33 万艘、3.56 万吨、52.62 万千瓦。

六、渔业人口和渔业从业人员

渔业人口 1 931.85 万人，比上年减少 41.56 万人、降低 2.11%。渔业人口中传统渔民为 652.14 万人，比上年减少 8.97 万人、降低 1.36%。渔业从业人员 1 359.39万人，比上年减少 22.30 万人、降低 1.61%。

七、水产品加工

水产品加工企业数量 9 674 个，水产加工能力 2 926.23 万吨/年，同比增长 2.71%，用于加工的水产品总量为 2 680.02 万吨，同比增长 1.68%。水产加工品总量 2 196.25 万吨，同比增长 1.42%，其中海水加工产品 1 788.06 万吨，同比增长 0.73%，占水产加工品总量的 81.41%；淡水加工产品 408.19 万吨，同比增长 4.57%。当年水产品加工率为 41.58%，海水产品加工率为 63.42%，淡水产品加工率为 18.36%。

八、水产品进出口情况

据海关统计，我国水产品进出口总量923.65万吨、进出口总额324.96亿美元，同比分别增长11.56%和7.92%，均创历史新高。其中，出口量433.94万吨，出口额211.50亿美元，同比分别增长2.40%和1.99%；进口量489.71万吨，进口额113.46亿美元，同比分别增长21.17%和21.03%。贸易顺差98.04亿美元，比上年同期减少15.6亿美元。

九、渔业灾情

全年由于渔业灾情造成水产品产量损失95.69万吨，直接经济损失173.56亿元。其中，受灾养殖面积719.60千公顷；沉船164艘，经济损失0.30亿元；死亡、失踪和重伤人数58人。

2013—2017 年主要统计指标统计图

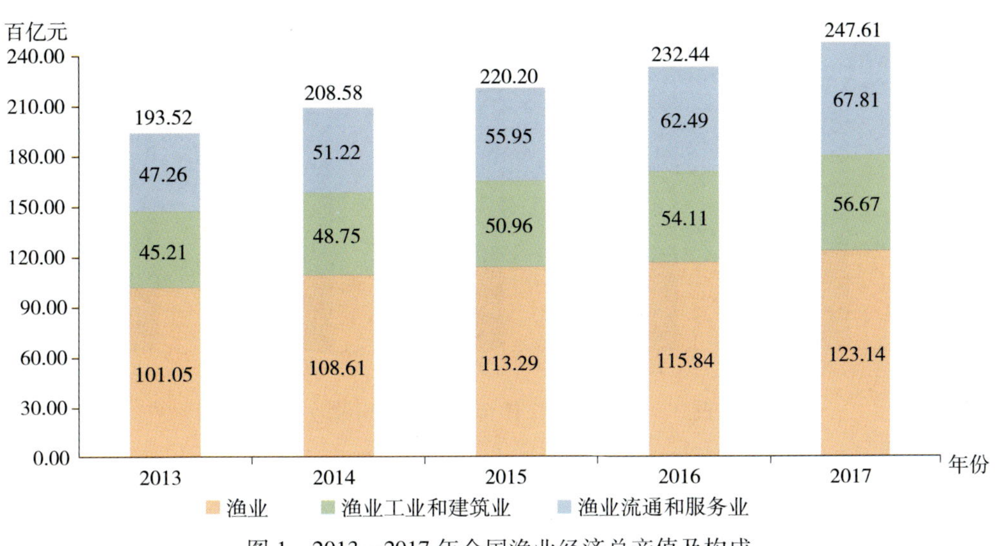

图 1 2013—2017 年全国渔业经济总产值及构成

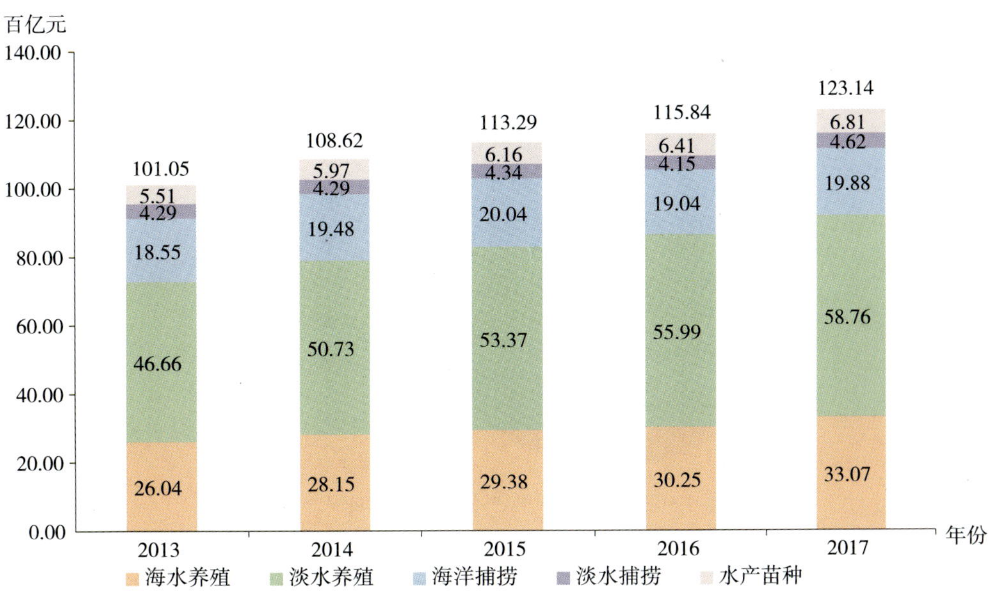

图 2 2013—2017 年全国渔业产值及构成

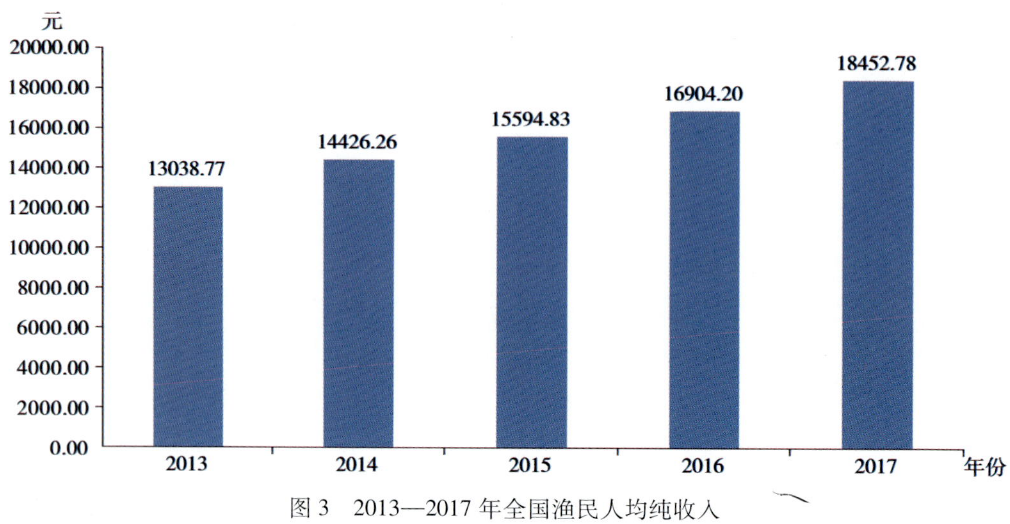

图 3　2013—2017 年全国渔民人均纯收入

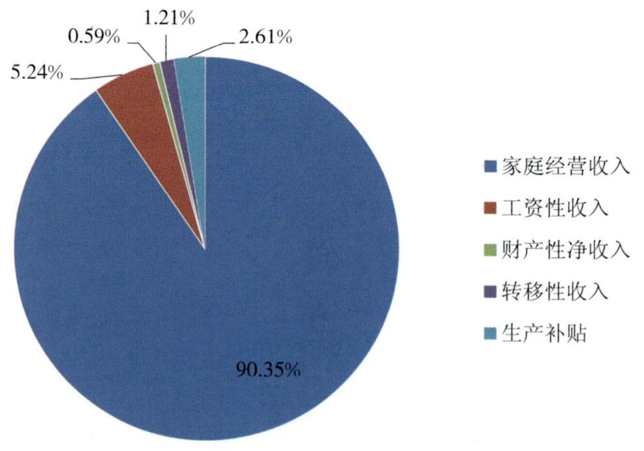

图 4　2017 年全国渔民家庭人均总收入构成

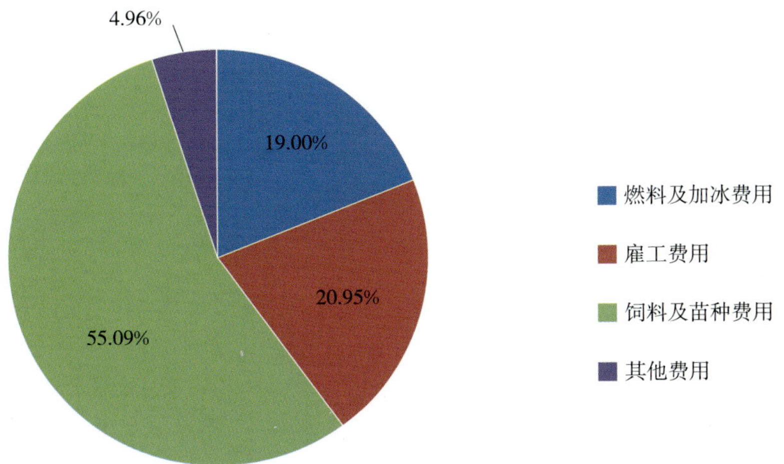

图 5　2017 年全国渔民家庭经营渔业人均支出构成

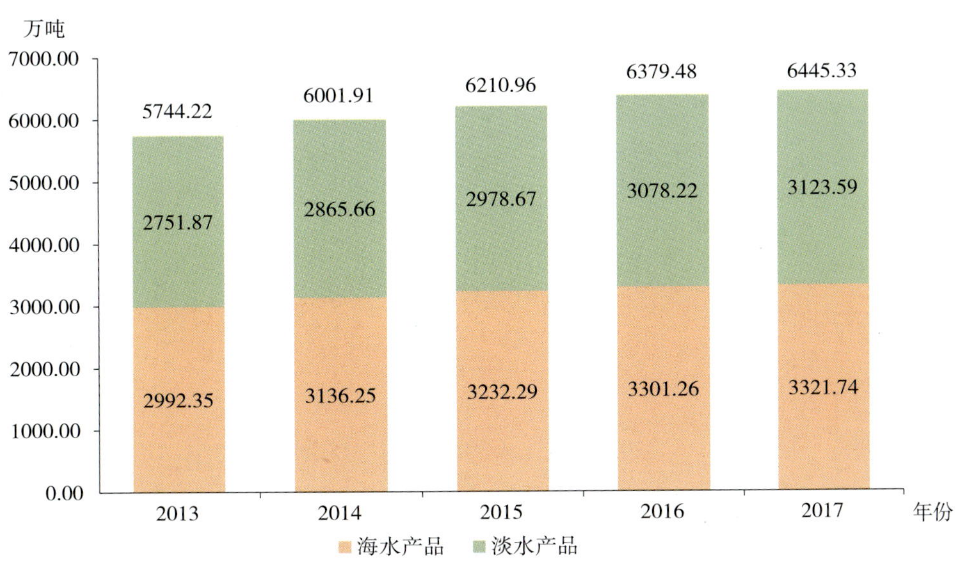

图 6　2013—2017 年全国水产品产量及构成

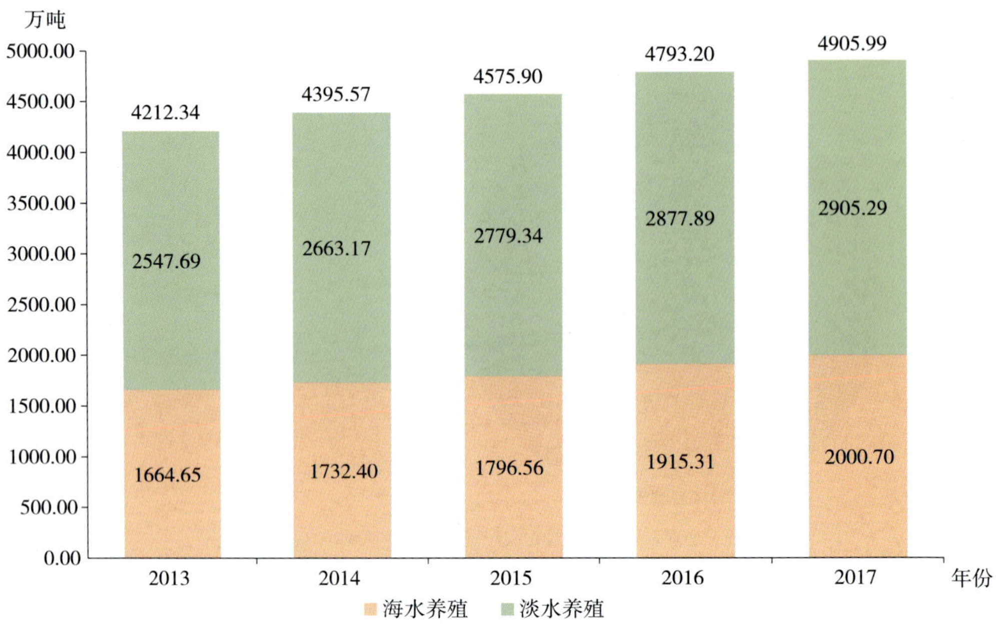

图 7　2013—2017 年全国养殖产品产量及构成

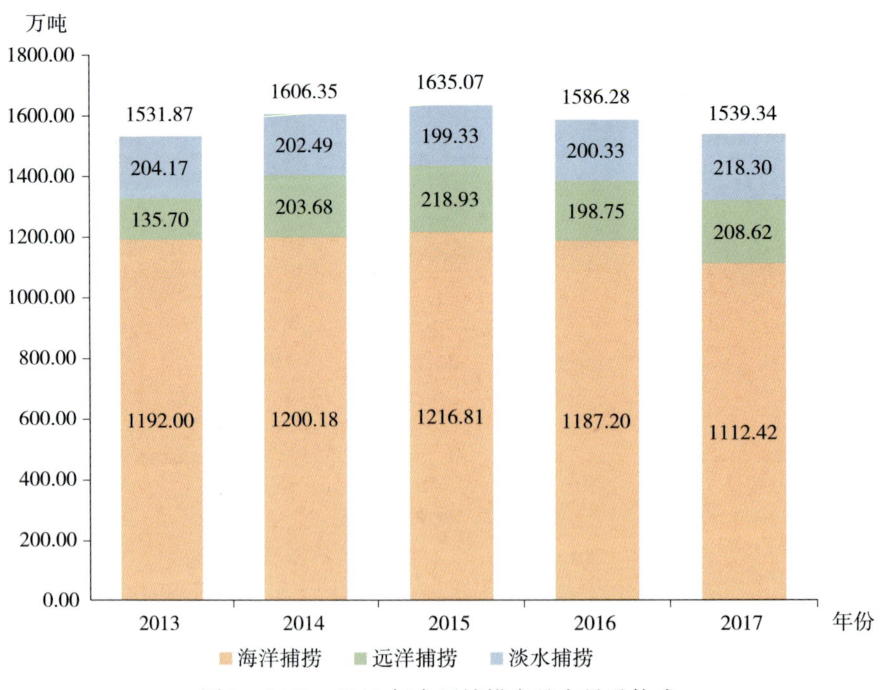

图 8　2013—2017 年全国捕捞产品产量及构成

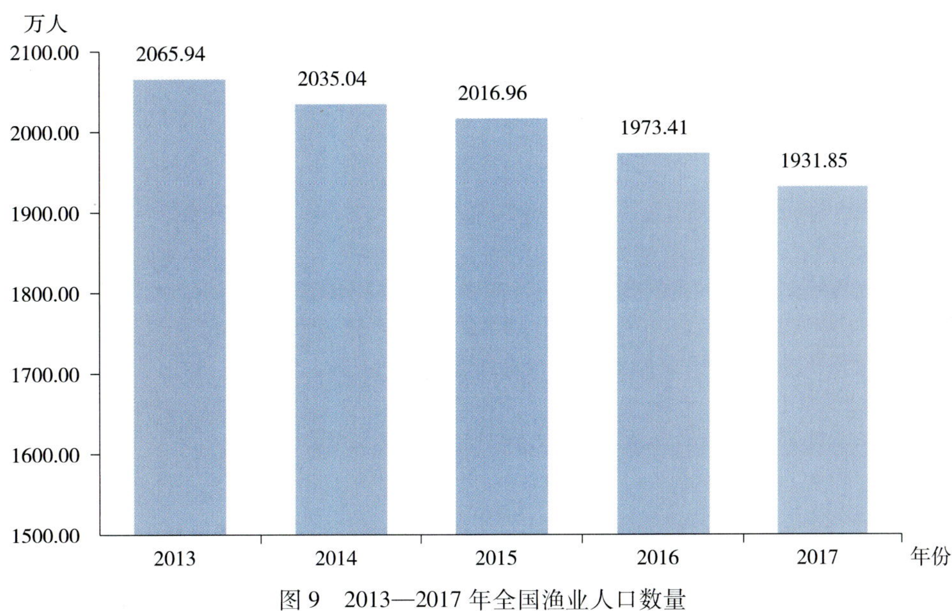

图 9　2013—2017 年全国渔业人口数量

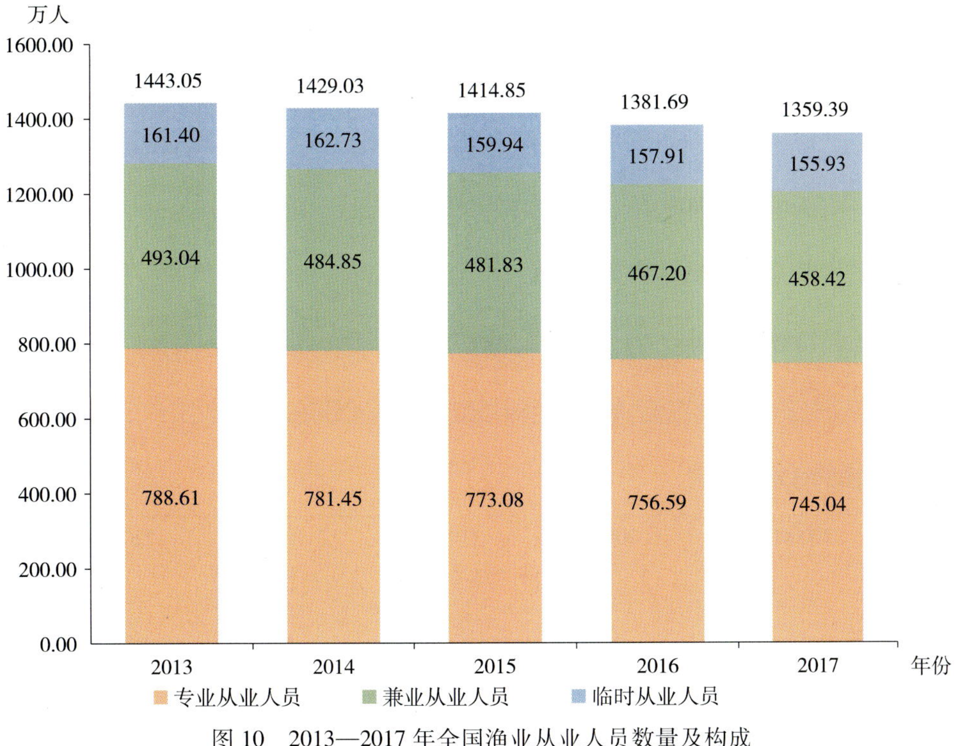

图 10　2013—2017 年全国渔业从业人员数量及构成

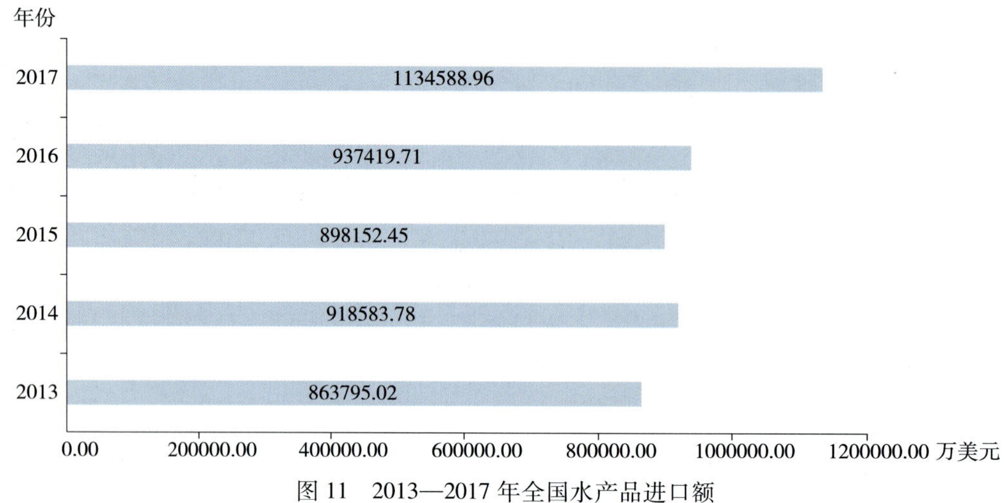

图 11　2013—2017 年全国水产品进口额

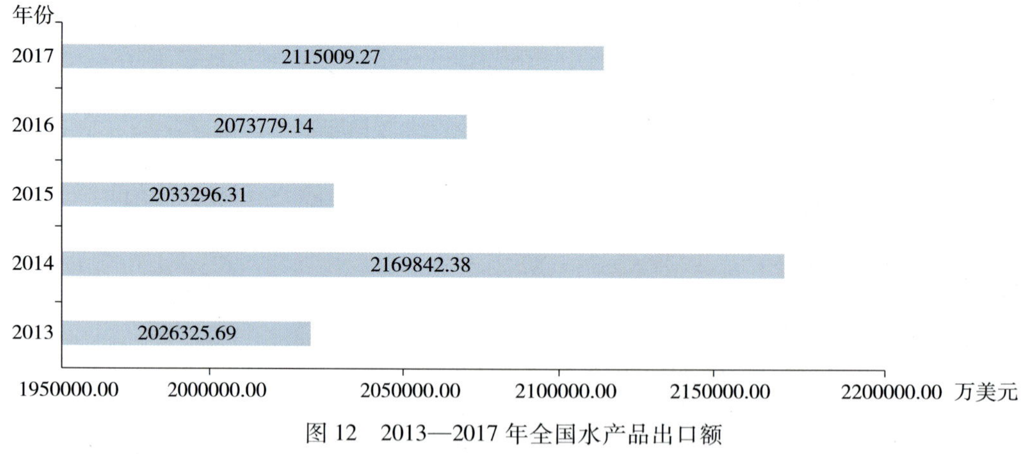

图 12　2013—2017 年全国水产品出口额

目　　录

第一部分

经济核算

1-1 总产值

全国渔业经济总产值
（按当年价格计算）

单位:万元

指　　标	2017 年	2016 年	2017 年比 2016 年增减(±)
渔业经济总产值	**247 612 203.78**	**232 434 374.03**	**15 177 829.75**
1.渔业	123 138 456.82	115 840 511.82	7 297 945.00
其中:海水养殖	33 073 954.05	30 246 198.27	2 827 755.78
淡水养殖	58 762 497.43	55 988 809.75	2 773 687.68
海洋捕捞	19 876 514.82	19 043 318.40	833 196.42
淡水捕捞	4 617 538.97	4 152 571.52	464 967.45
水产苗种	6 807 951.55	6 409 613.88	398 337.67
2.渔业工业和建筑业	56 666 171.57	54 105 357.17	2 560 814.40
其中:水产品加工	43 050 766.78	40 902 319.38	2 148 447.40
渔用机具制造	3 583 056.17	3 486 326.46	96 729.71
其中:渔船渔机修造	2 263 880.53	2 280 728.45	-16 847.92
渔用绳网制造	1 200 587.16	1 112 559.32	88 027.84
渔用饲料	6 465 927.00	5 991 499.34	474 427.66
渔用药物	184 496.34	171 982.79	12 513.55
建筑业	2 351 750.53	2 556 433.61	-204 683.08
其他	1 030 174.75	996 795.59	33 379.16
3.渔业流通和服务业	67 807 575.39	62 488 505.04	5 319 070.35
其中:水产流通	54 439 786.51	50 634 284.57	3 805 501.94
水产(仓储)运输	3 725 846.28	3 323 297.14	402 549.14
休闲渔业	7 644 100.37	6 645 355.89	998 744.48
其他	1 997 842.23	1 885 567.44	112 274.79

各地区渔业经济总产值、渔业产值
（按当年价格计算）

单位：万元

地　区	2017 年		2017 年比 2016 年增减（±）		渔业产值占农业产值比重（%）
	渔业经济总产值	其中：渔业产值	渔业经济总产值	其中：渔业产值	
全国总计	**247 612 203.78**	**123 138 456.82**	**15 177 829.75**	**7 297 945.00**	**10.6**
北　京	308 070.50	110 421.80	69 934.70	-203.20	3.1
天　津	795 983.95	727 915.36	-74 080.99	-43 700.58	18.3
河　北	2 497 136.53	2 080 383.62	110 664.27	48 023.04	3.6
山　西	98 821.72	78 443.00	177.10	481.00	0.5
内蒙古	404 730.62	322 881.95	-9 469.04	-19 046.85	1.1
辽　宁	13 264 481.42	6 716 649.42	742 386.74	390 350.74	15.4
吉　林	1 300 078.90	431 760.70	-34 706.03	14 690.22	2.0
黑龙江	1 195 131.62	1 026 405.73	78 434.72	58 983.33	1.8
上　海	713 701.69	599 971.59	79 437.61	79 662.01	20.0
江　苏	32 215 651.62	16 999 477.00	2 010 128.24	161 883.72	22.7
浙　江	22 852 935.00	9 999 593.00	914 466.00	812 875.00	31.7
安　徽	8 374 616.00	5 079 719.08	252 659.86	127 506.39	10.4
福　建	28 000 079.93	12 476 533.97	2 100 746.83	1 101 902.93	30.5
江　西	10 013 943.49	4 872 340.03	627 512.16	444 603.31	14.8
山　东	39 868 894.72	15 711 154.61	1 957 890.29	871 369.98	16.1
河　南	2 274 073.80	1 216 441.50	-62 786.83	3 559.56	1.4
湖　北	25 062 578.00	11 853 853.00	881 748.00	454 555.00	17.8
湖　南	5 452 039.60	4 220 546.15	481 169.58	347 273.58	7.5
广　东	31 460 797.05	13 066 450.92	2 994 722.93	996 837.48	21.4
广　西	6 214 298.87	4 989 312.20	540 638.60	498 360.77	10.0
海　南	5 529 716.90	3 964 202.78	575 706.67	406 613.66	25.0
重　庆	1 504 290.00	1 059 724.00	136 182.05	99 373.44	5.0
四　川	4 074 910.70	2 575 699.68	333 048.88	171 078.25	3.4
贵　州	690 288.29	649 554.95	63 003.52	38 523.68	1.8
云　南	1 665 981.28	934 839.28	272 978.98	132 404.22	2.3
西　藏	4 451.06	3 271.36	-47.82	839.48	0.2
陕　西	483 906.67	295 704.60	32 493.67	13 261.60	0.9
甘　肃	24 696.59	21 612.47	-1 017.00	-1 300.83	0.1
青　海	34 402.05	34 402.05	1 875.87	1 875.87	0.9
宁　夏	379 665.31	214 796.19	34 007.42	17 993.32	3.6
新　疆	292 259.90	244 804.83	9 993.77	9 385.88	0.7
中农发集团	559 590.00	559 590.00	57 929.00	57 929.00	

各地区渔业经济总产值(一)
(按当年价格计算)

单位:万元

地区	总计	一、渔业产值			
		合计	海水养殖	淡水养殖	海洋捕捞
全国总计	**247 612 203.78**	**123 138 456.82**	**33 073 954.05**	**58 762 497.43**	**19 876 514.82**
北京	308 070.50	110 421.80		79 159.50	11 722.10
天津	795 983.95	727 915.36	72 423.21	490 619.46	118 164.19
河北	2 497 136.53	2 080 383.62	855 663.42	483 390.86	539 325.08
山西	98 821.72	78 443.00		74 483.00	
内蒙古	404 730.62	322 881.95		257 594.74	
辽宁	13 264 481.42	6 716 649.42	3 450 978.00	1 206 105.42	1 199 695.00
吉林	1 300 078.90	431 760.70		378 815.67	
黑龙江	1 195 131.62	1 026 405.73		877 689.85	
上海	713 701.69	599 971.59		341 475.30	237 328.59
江苏	32 215 651.62	16 999 477.00	2 451 833.90	11 462 991.22	1 487 873.60
浙江	22 852 935.00	9 999 593.00	2 065 531.00	3 162 114.00	4 373 294.00
安徽	8 374 616.00	5 079 719.08		4 085 609.73	
福建	28 000 079.93	12 476 533.97	6 980 918.40	1 498 357.94	3 403 960.60
江西	10 013 943.49	4 872 340.03		3 997 383.18	
山东	39 868 894.72	15 711 154.61	9 045 713.00	2 425 373.00	3 108 322.61
河南	2 274 073.80	1 216 441.50		910 510.00	
湖北	25 062 578.00	11 853 853.00		10 234 469.00	
湖南	5 452 039.60	4 220 546.15		3 822 551.27	
广东	31 460 797.05	13 066 450.92	5 308 912.90	5 710 845.50	1 586 257.60
广西	6 214 298.87	4 989 312.20	1 730 070.49	1 631 376.28	1 215 054.51
海南	5 529 716.90	3 964 202.78	1 111 909.73	554 237.13	2 035 926.94
重庆	1 504 290.00	1 059 724.00		853 362.00	
四川	4 074 910.70	2 575 699.68		2 189 448.37	
贵州	690 288.29	649 554.95		538 291.42	
云南	1 665 981.28	934 839.28		792 197.71	
西藏	4 451.06	3 271.36		1 852.32	
陕西	483 906.67	295 704.60		263 652.10	
甘肃	24 696.59	21 612.47		20 904.00	
青海	34 402.05	34 402.05		34 402.05	
宁夏	379 665.31	214 796.19		185 793.47	
新疆	292 259.90	244 804.83		197 441.94	
中农发集团	559 590.00	559 590.00			559 590.00

各地区渔业经济总产值(二)
(按当年价格计算)

单位:万元

地　区	一、渔业产值(续)		二、渔业工业和建筑业		
	淡水捕捞	水产苗种	合　计	水产品加工	渔用机具制造
					小　计
全国总计	**4 617 538.97**	**6 807 951.55**	**56 666 171.57**	**43 050 766.78**	**3 583 056.17**
北　京	5 191.00	14 349.20	13 648.69	4 839.52	
天　津	16 915.50	29 793.00	9 542.00		
河　北	80 246.89	121 757.37	253 948.27	226 061.78	9 697.60
山　西	2 405.80	1 554.20	1 817.57		
内蒙古	55 400.08	9 887.13	19 612.10	19 612.10	
辽　宁	65 662.00	794 209.00	3 188 311.00	2 629 020.00	122 458.00
吉　林	38 429.23	14 515.80	564 288.00	562 833.00	215.00
黑龙江	102 304.15	46 411.73	47 282.93	24 585.26	
上　海	5 126.00	16 041.70	97 097.10	97 097.10	
江　苏	831 610.28	765 168.00	4 291 741.56	2 563 734.83	256 371.97
浙　江	191 814.00	206 840.00	7 345 395.00	6 080 629.00	263 331.00
安　徽	676 489.06	317 620.29	1 313 272.34	535 444.59	607 642.33
福　建	137 293.06	456 003.97	10 527 422.90	9 048 853.00	677 859.00
江　西	533 256.26	341 700.59	2 908 120.43	2 149 600.64	47 138.07
山　东	180 226.00	951 520.00	13 692 668.64	10 769 249.31	1 465 599.22
河　南	167 353.50	138 578.00	211 975.30	44 638.00	2 322.30
湖　北	656 339.00	963 045.00	5 152 061.00	3 819 414.00	13 434.00
湖　南	108 092.71	289 902.17	409 338.13	212 978.56	9 479.18
广　东	155 106.70	305 328.22	3 969 253.19	2 331 226.48	70 898.24
广　西	133 207.18	279 603.74	610 616.93	525 971.77	3 102.00
海　南	25 618.77	236 510.21	1 356 710.52	1 250 461.94	28 237.66
重　庆	94 715.00	111 647.00	101 316.00	7 071.00	1 883.00
四　川	159 745.16	226 506.15	263 867.14	11 677.10	215.00
贵　州	62 573.27	48 690.26	7 195.40	4 443.80	2 705.60
云　南	84 816.57	57 825.00	220 729.00	125 093.00	345.00
西　藏	1 419.04				
陕　西	10 865.90	21 186.60	27 700.80	30.00	122.00
甘　肃		708.47	21.00		
青　海					
宁　夏	441.87	28 560.85	41 017.62	1 624.00	
新　疆	34 874.99	12 487.90	20 201.01	4 577.00	
中农发集团					

各地区渔业经济总产值(三)
(按当年价格计算)

单位:万元

地　　区	二、渔业工业和建筑业(续)					
	渔用机具制造(续)		渔用饲料	渔用药物	建　筑	其　他
	渔船渔机修造	渔用绳网制造				
全国总计	**2 263 880.53**	**1 200 587.16**	**6 465 927.00**	**184 496.34**	**2 351 750.53**	**1 030 174.75**
北　京			8 619.17	190.00		
天　津			9 542.00			
河　北	7 318.00	1 392.60	15 399.00		2 076.00	713.89
山　西			446.27	1 371.30		
内蒙古						
辽　宁	95 127.00	18 571.00	190 025.00	10 200.00	176 784.00	59 824.00
吉　林	40.00	42.00	615.00	25.00	600.00	
黑龙江			21 206.95	580.80	900.24	9.68
上　海						
江　苏	141 122.61	101 819.19	1 135 240.04	71 757.72	165 896.35	98 740.65
浙　江	156 439.00	102 040.00	422 961.00	3 067.00	456 147.00	119 260.00
安　徽	9 712.51	597 929.82	105 608.24	1 947.68	9 169.22	53 460.28
福　建	621 795.00	54 237.00	561 573.00	1 733.00	55 727.00	181 677.90
江　西	26 391.07	20 747.00	486 598.00	15 031.18	171 070.67	38 681.87
山　东	1 131 752.00	258 360.00	222 262.11	7 927.00	789 430.00	438 201.00
河　南	21.30	2 301.00	157 871.00	4 175.00	2 383.00	586.00
湖　北	2 726.00	10 688.00	899 911.00	31 248.00	386 790.00	1 264.00
湖　南	6 738.57	2 740.61	155 399.25	15 382.84	9 812.30	6 286.00
广　东	41 580.62	18 948.70	1 446 198.44	9 063.82	89 403.68	22 462.53
广　西	2 574.00	520.30	77 134.70	1 673.23	2 463.00	272.23
海　南	17 894.25	8 182.94	70 331.27	2 351.34	2 516.07	2 812.24
重　庆	422.00	955.00	78 587.00	161.00	13 118.00	496.00
四　川	215.00		248 134.04	3 838.00		3.00
贵　州	1 736.60	969.00	30.00	16.00		
云　南	262.00	83.00	86 062.00	962.00	6 253.00	2 014.00
西　藏						
陕　西	13.00	60.00	12 623.50	559.30	11 190.00	3 176.00
甘　肃					21.00	
青　海						
宁　夏			39 393.62			
新　疆			14 155.40	1 235.13		233.48
中农发集团						

各地区渔业经济总产值（四）
（按当年价格计算）

单位：万元

地 区	三、渔业流通和服务业				
	合 计	水产流通	水产（仓储）运输	休闲渔业	其 他
全国总计	**67 807 575.39**	**54 439 786.51**	**3 725 846.28**	**7 644 100.37**	**1 997 842.23**
北 京	184 000.01	88 255.03	4 156.98	91 588.00	
天 津	58 526.59	4 779.24	4 286.35	32 515.00	16 946.00
河 北	162 804.64	60 659.39	18 362.00	71 873.08	11 910.17
山 西	18 561.15	13 043.95	658.50	4 848.70	10.00
内蒙古	62 236.57	28 187.10	4 471.96	29 577.51	
辽 宁	3 359 521.00	2 500 438.38	365 005.00	435 395.62	58 682.00
吉 林	304 030.20	124 849.20	7 123.00	170 815.00	1 243.00
黑龙江	121 442.96	62 896.77	5 169.12	51 919.26	1 457.81
上 海	16 633.00	2 328.00		14 305.00	
江 苏	10 924 433.06	9 165 736.01	408 564.52	982 164.80	367 967.73
浙 江	5 507 947.00	4 703 963.00	238 269.00	237 719.00	327 996.00
安 徽	1 981 624.58	1 521 356.51	112 484.25	328 988.29	18 795.53
福 建	4 996 123.06	4 429 808.92	222 374.13	87 367.15	256 572.86
江 西	2 233 483.03	1 866 038.60	87 099.13	243 103.30	37 242.00
山 东	10 465 071.47	6 158 358.13	1 329 950.80	2 279 998.46	696 764.08
河 南	845 657.00	672 183.27	79 170.00	92 287.43	2 016.30
湖 北	8 056 664.00	6 471 702.00	304 474.00	1 249 082.00	31 406.00
湖 南	822 155.32	566 764.99	33 087.36	212 414.67	9 888.30
广 东	14 425 092.94	13 800 394.25	183 609.41	352 619.19	88 470.09
广 西	614 369.74	500 360.71	70 780.98	26 092.39	17 135.66
海 南	208 803.60	157 333.08	15 667.72	11 960.00	23 842.80
重 庆	343 250.00	220 549.00	27 788.00	86 174.00	8 739.00
四 川	1 235 343.88	733 119.51	154 224.81	339 895.66	8 103.90
贵 州	33 537.94	9 793.79	5 041.51	18 491.64	211.00
云 南	510 413.00	376 276.00	23 035.00	103 949.00	7 153.00
西 藏	1 179.70	1 179.70			
陕 西	160 501.27	93 766.99	8 742.08	53 374.20	4 618.00
甘 肃	3 063.12	103.97	69.38	2 884.17	5.60
青 海					
宁 夏	123 851.50	93 157.84	11 396.01	18 700.25	597.40
新 疆	27 254.06	12 403.18	785.28	13 997.60	68.00
中农发集团					

1-2　渔民家庭收支

全国渔民人均纯收入

单位:元

地　区	2017 年	2016 年	2017 年比 2016 年增减(±)	
			绝对量	幅度(%)
全国总计	**18 452.78**	**16 904.20**	**1 548.58**	**9.16**
北　京	18 729.56	18 180.73	548.83	3.02
天　津	25 378.11	24 088.93	1 289.18	5.35
河　北	15 151.18	14 024.64	1 127.18	8.04
山　西	8 490.40	7 814.59	675.81	8.65
内蒙古	12 586.40	12 149.94	436.46	3.59
辽　宁	18 337.26	17 693.36	643.90	3.64
吉　林	12 802.75	12 303.03	499.72	4.06
黑龙江	15 448.14	15 041.75	406.39	2.70
上　海	28 504.68	26 321.06	2 183.62	8.30
江　苏	24 752.57	22 777.27	1 975.30	8.67
浙　江	24 822.36	23 071.49	1 750.87	7.59
安　徽	16 887.20	15 158.22	1 728.98	11.41
福　建	19 583.63	17 851.00	1 732.63	9.71
江　西	13 789.18	13 291.39	497.79	3.75
山　东	20 769.87	18 827.95	1 941.92	10.31
河　南	13 732.51	12 791.37	941.14	7.36
湖　北	18 829.97	17 229.06	1 600.91	9.29
湖　南	16 113.28	16 028.11	85.17	0.53
广　东	16 962.79	14 486.19	2 476.60	17.10
广　西	21 953.80	20 431.97	1 521.83	7.45
海　南	15 262.61	14 740.31	522.30	3.54
重　庆	17 060.02	15 546.66	1 513.36	9.73
四　川	16 940.13	15 063.04	1 877.09	12.46
贵　州	14 015.02	13 591.99	423.03	3.11
云　南	15 223.40	12 422.30	2 801.10	22.55
西　藏				
陕　西	13 994.11	13 089.30	904.81	6.91
甘　肃	8 167.66	7 766.94	400.72	5.16
青　海	15 111.77	16 573.21	−1 461.44	−8.82
宁　夏	11 879.64	11 118.90	760.74	6.84
新　疆	16 913.40	15 752.27	1 161.13	7.37

各地区渔民家庭收支调查(一)

单位:元/人

地　　区	一、家庭总收入	(一)家庭经营收入	其中:经营渔业	(二)工资性收入	其中:渔业	(三)财产性净收入	1.红利收入
全国总计	**68 866.97**	**62 218.96**	**57 900.97**	**3 607.04**	**1 284.64**	**407.83**	**104.80**
北　　京	64 977.33	57 166.51	50 799.07	4 903.00	686.32	932.52	20.06
天　　津	195 023.92	187 451.70	185 829.09	4 574.67	316.58	786.13	15.08
河　　北	170 248.52	164 451.21	154 206.63	915.02	185.57	446.87	154.99
山　　西	99 797.46	99 115.95	95 015.65	411.83	232.06	188.26	
内 蒙 古	47 111.53	43 565.28	31 992.39	1 531.56	167.26	291.45	
辽　　宁	71 933.17	63 930.06	59 113.65	3 354.65	1 360.99	532.02	74.85
吉　　林	32 922.95	31 931.37	24 272.10	656.85	48.05	90.71	
黑 龙 江	94 951.72	93 181.28	81 398.53	492.10	199.61	707.13	13.49
上　　海	147 163.23	137 712.84	136 052.41	6 416.33	275.18	382.28	
江　　苏	94 375.53	83 250.41	80 753.97	5 090.41	1 065.63	1 116.31	40.60
浙　　江	73 103.03	58 612.33	55 645.90	9 568.88	4 536.59	410.98	281.50
安　　徽	52 447.97	46 777.43	43 567.69	4 494.50	2 076.30	277.09	78.44
福　　建	74 138.98	65 899.81	62 980.44	4 188.92	2 138.63	417.75	291.75
江　　西	45 373.59	41 795.16	38 794.19	1 896.11	643.51	367.61	124.38
山　　东	86 147.49	76 652.31	72 618.38	3 778.33	1 182.47	478.19	70.00
河　　南	44 239.11	38 753.73	36 112.60	4 226.58	1 378.88	393.51	2.08
湖　　北	46 542.77	40 307.36	36 503.20	4 079.94	893.52	265.40	43.31
湖　　南	39 854.39	34 880.22	28 327.74	3 577.11	1 193.40	520.20	321.16
广　　东	44 150.14	37 402.61	35 714.64	4 159.23	1 656.76	243.76	213.57
广　　西	70 540.46	60 908.49	57 936.25	3 978.45	1 378.26	267.94	1.41
海　　南	31 194.40	30 403.26	25 895.22	488.93	158.68	26.22	
重　　庆	91 579.79	85 480.11	75 682.67	4 369.18	1 299.89	1 037.02	65.78
四　　川	40 386.65	33 733.02	29 828.30	4 532.58	366.83	177.78	17.79
贵　　州	23 196.94	19 765.30	14 956.78	2 573.86	1 177.60	35.80	
云　　南	67 331.44	65 525.47	60 356.86	999.74	177.08	405.68	185.82
西　　藏							
陕　　西	233 684.21	233 223.68	233 026.32			32.89	
甘　　肃	24 077.38	21 807.48	19 083.48	1 683.24	1 190.97	108.08	6.55
青　　海	23 879.64	18 259.64	11 258.93	5 445.09	2 058.93	53.57	
宁　　夏	103 395.40	100 882.11	99 373.71	1 889.29	1 126.15	59.08	4.92
新　　疆	250 812.22	248 690.17	245 838.07	742.86	742.86	2.18	

各地区渔民家庭收支调查(二)

单位:元/人

地　　区	一、家庭总收入(续)						二、家庭经营费用支出
	(三)财产性净收入(续)	(四)转移性收入			(五)生产补贴(惠农补贴)		
	2.转让经营权租金收入		1.社会救济或政策性生活补贴	2.其他转移性收入		其中:渔业补贴	
全国总计	**116.37**	**835.47**	**56.20**	**76.67**	**1 797.67**	**1 721.75**	**46 369.87**
北　　京	780.25	1 975.31		151.85			40 629.73
天　　津	742.21	1 707.65	76.38		503.77	483.67	154 240.74
河　　北	257.10	229.36	10.91	26.29	4 206.07	4 206.07	139 523.36
山　　西	144.66	44.47		15.84	36.95	25.59	87 791.67
内 蒙 古	127.73	693.19	4.28	338.64	1 030.06	232.60	29 380.57
辽　　宁	169.51	983.36	35.03	70.45	3 133.07	3 002.61	50 033.24
吉　　林	70.92	67.41	15.95		176.62	10.61	17 616.72
黑 龙 江	599.23	205.65	1.93	6.65	365.57	132.76	72 394.89
上　　海	80.84	1 514.01	25.90		1 137.77	1 137.77	103 669.65
江　　苏	332.64	2 806.24	428.08	135.73	2 112.17	1 931.62	60 120.27
浙　　江	26.55	781.69	107.48	123.70	3 729.14	3 650.56	41 201.30
安　　徽	87.45	625.99	71.92	64.17	272.95	186.95	30 081.46
福　　建	24.04	1 036.88	67.33	43.73	2 595.62	2 586.52	49 410.69
江　　西	81.96	937.23	32.20	68.65	377.47	261.60	29 115.96
山　　东	64.56	877.70	89.15	193.48	4 360.97	4 308.70	58 620.99
河　　南	42.03	781.51	49.44	95.96	83.79	35.78	29 027.98
湖　　北	90.81	1 715.79	40.31	88.82	174.28	42.03	25 686.65
湖　　南	99.01	664.10	40.55	54.66	212.78	189.33	21 784.71
广　　东	17.66	306.34	11.54	25.42	2 038.22	2 035.87	24 761.49
广　　西	172.60	726.56	38.93	101.08	4 659.03	4 639.09	42 141.57
海　　南		30.77	24.84	5.92	245.23	235.59	14 889.50
重　　庆	28.83	506.92	6.45	51.70	186.56	152.89	61 263.36
四　　川	29.53	1 740.59	55.02	181.41	202.68	133.89	20 961.06
贵　　州		224.34			597.65	597.65	8 430.24
云　　南	122.80	247.57	15.58	19.80	152.97	82.86	47 632.00
西　　藏							
陕　　西		427.63					209 109.21
甘　　肃	9.17	453.69	23.98	3.06	24.89		13 161.69
青　　海	53.57	121.34	18.75				5 839.29
宁　　夏		564.92					88 773.94
新　　疆		583.37	5.95	117.46	793.65	793.65	222 989.53

各地区渔民家庭收支调查(三)

单位:元/人

地　　区	二、家庭经营费用支出(续)					三、生产性固定资产折旧	其中:渔业固定资产折旧
	其中:经营渔业支出	(1)燃料及冰费用	(2)雇工费用	(3)饲料及苗种费用	(4)其他费用		
全国总计	**44 931.49**	**8 539.08**	**9 413.07**	**24 752.39**	**2 226.93**	**2 803.41**	**2 442.11**
北　京	40 401.56	6 124.59	4 290.12	29 460.54	526.30	2 410.70	1 966.78
天　津	153 726.80	10 082.50	5 685.58	134 439.43	3 519.30	1 557.69	1 517.49
河　北	138 308.42	18 500.94	51 464.86	60 281.26	8 061.35	7 115.09	7 059.44
山　西	87 167.30	6 369.15	10 504.43	63 429.39	6 864.33	2 115.62	2 093.63
内蒙古	24 044.23	2 512.78	2 305.22	18 183.47	1 042.76	4 181.08	1 267.10
辽　宁	48 162.69	12 630.35	13 126.79	20 430.23	1 975.32	2 408.07	2 193.98
吉　林	15 628.97	2 098.74	1 771.98	10 942.78	815.46	1 372.98	899.02
黑龙江	66 826.94	7 582.94	5 356.26	52 798.53	1 089.21	4 030.92	1 295.14
上　海	102 463.53	9 668.53	12 793.17	72 660.74	7 341.09	2 387.30	2 064.52
江　苏	59 242.04	7 395.54	15 133.67	34 229.65	2 483.18	4 645.91	4 532.96
浙　江	40 473.02	11 184.27	10 357.74	14 670.32	4 260.69	4 267.67	3 722.41
安　徽	28 781.62	1 592.86	4 632.69	21 222.93	1 333.14	1 031.58	876.86
福　建	48 196.07	12 065.82	9 086.93	24 431.01	2 612.31	4 407.13	4 287.34
江　西	27 747.75	1 856.37	1 812.78	22 430.13	1 648.47	407.44	344.86
山　东	57 316.56	18 064.45	21 730.23	14 069.28	3 452.60	5 437.04	4 754.45
河　南	28 515.49	2 178.79	1 061.20	24 724.64	550.87	1 075.55	604.43
湖　北	24 281.19	1 437.63	1 881.82	19 591.07	1 370.66	951.59	697.49
湖　南	19 786.39	2 009.11	1 735.08	15 153.44	888.77	1 127.00	763.57
广　东	23 617.99	11 241.66	6 469.69	5 219.79	686.84	2 312.76	2 185.34
广　西	41 557.72	23 701.41	4 601.90	12 252.64	1 001.77	5 275.82	5 141.74
海　南	12 286.17	2 102.00	879.89	8 686.50	617.78	1 042.30	993.77
重　庆	56 754.75	3 478.01	4 153.81	46 032.15	3 090.77	5 159.85	4 402.97
四　川	19 423.63	1 016.41	1 135.16	16 558.11	713.96	804.42	658.26
贵　州	8 007.55	732.15	943.80	5 899.73	431.87	577.33	521.04
云　南	45 548.18	1 728.02	1 855.30	40 777.57	1 187.29	951.45	785.17
西　藏							
陕　西	209 102.63	26 196.05	21 136.84	160 059.21	1 710.53	3 272.99	3 224.75
甘　肃	12 488.49	981.18	1 190.47	9 706.74	610.10	2 711.58	2 555.10
青　海	5 839.29	24.11	1 172.32	4 642.86		2 846.44	2 172.32
宁　夏	88 624.83	2 944.15	5 481.60	62 647.29	17 551.79	2 555.67	1 414.46
新　疆	222 977.62	10 767.32	13 866.39	192 219.69	6 124.22	6 221.50	6 219.38

各地区渔民家庭收支调查(四)

单位:元/人

地 区	四、税费支出	其中:渔业税费支出	五、转移性支出	六、纯收入	其中:渔业纯收入	七、可支配收入	八、生活消费支出
全国总计	**2 080.16**	**2 017.87**	**1 140.78**	**18 452.78**	**31 912.93**	**17 277.43**	**9 263.95**
北 京	3 207.34	3 182.15	1 556.27	18 729.56	5 934.91	17 173.29	15 589.87
天 津	13 847.39	13 633.82	1 546.77	25 378.11	17 751.23	23 831.34	15 183.14
河 北	8 458.90	8 455.42	1 413.54	15 151.18	4 774.99	13 737.64	14 050.50
山 西	1 399.77	1 394.89	1 039.85	8 490.40	4 617.49	7 450.55	7 370.36
内 蒙 古	963.48	900.94	1 177.46	12 586.40	6 179.97	11 408.94	10 538.38
辽 宁	1 154.59	993.91	1 477.68	18 337.26	12 126.67	16 859.58	9 546.77
吉 林	1 130.51	907.35	288.10	12 802.75	6 895.42	12 514.64	5 835.92
黑 龙 江	3 077.77	3 057.06	462.42	15 448.14	10 551.75	14 985.73	8 292.02
上 海	12 601.60	12 601.60	818.93	28 504.68	20 335.71	27 685.76	10 204.50
江 苏	4 856.79	4 735.72	1 993.60	24 752.57	15 240.50	22 758.97	11 120.39
浙 江	2 811.69	2 713.81	2 438.16	24 822.36	16 923.81	22 384.20	13 945.14
安 徽	4 447.72	4 423.91	946.77	16 887.20	11 748.55	15 940.43	8 908.39
福 建	737.53	731.27	784.87	19 583.63	14 490.91	18 798.76	9 904.66
江 西	2 061.00	1 982.61	899.43	13 789.18	9 624.08	12 889.76	6 657.67
山 东	1 319.59	1 297.13	1 443.51	20 769.87	14 741.42	19 326.36	10 505.60
河 南	403.07	398.33	582.61	13 732.51	8 009.02	13 149.90	7 570.59
湖 北	1 074.55	1 003.50	1 217.21	18 829.97	11 456.57	17 612.76	8 775.70
湖 南	829.40	697.94	1 040.27	16 113.28	8 462.56	15 073.01	8 799.23
广 东	113.11	113.11	963.63	16 962.79	13 490.84	15 999.16	7 837.11
广 西	1 169.27	1 153.57	1 004.48	21 953.80	16 100.58	20 949.32	9 283.76
海 南			268.84	15 262.61	13 009.54	14 993.77	9 007.71
重 庆	8 096.56	7 849.06	1 433.43	17 060.02	8 128.67	15 626.59	7 723.50
四 川	1 681.04	1 672.00	1 041.04	16 940.13	8 575.12	15 899.09	8 579.60
贵 州	174.36	173.24	112.17	14 015.02	8 030.22	13 902.85	4 011.70
云 南	3 524.58	3 387.45	1 307.08	15 223.40	10 896.00	13 916.32	7 927.64
西 藏							
陕 西	7 307.89	7 304.61		13 994.11	13 394.33	13 994.11	10 846.97
甘 肃	36.45	36.45	585.91	8 167.66	5 194.40	7 581.75	5 408.95
青 海	82.14			15 111.77	5 306.25	15 111.77	1 679.46
宁 夏	186.15	186.15	966.29	11 879.64	10 274.42	10 913.35	10 553.03
新 疆	4 687.80	4 676.37	2 990.99	16 913.40	13 501.21	13 922.41	16 829.35

第二部分

生　　产

2-1　水产品总产量

全国水产品总产量

单位:吨

指　　标	2017 年	2016 年	2017 年比 2016 年增减(±)	
			绝对量	幅度(%)
全国总计	**64 453 279**	**63 794 834**	**658 445**	**1.03**
海水产品	33 217 376	33 012 620	204 756	0.62
淡水产品	31 235 903	30 782 214	453 689	1.47
养殖产量	49 059 903	47 931 960	1 127 943	2.35
海水养殖	20 006 973	19 153 079	853 894	4.46
淡水养殖	29 052 930	28 778 881	274 049	0.95
捕捞产量	15 393 376	15 862 874	-469 498	-2.96
海洋捕捞	11 124 203	11 872 029	-747 826	-6.30
远洋渔业	2 086 200	1 987 512	98 688	4.97
淡水捕捞	2 182 973	2 003 333	179 640	8.97
养殖产品中:鱼类	26 829 152	26 709 843	119 309	0.45
甲壳类	4 549 725	4 140 800	408 925	9.88
贝类	14 586 132	14 131 801	454 331	3.21
藻类	2 235 012	2 114 380	120 632	5.71
其他类	859 882	835 136	24 746	2.96
捕捞产品中:鱼类	9 267 921	9 660 358	-392 437	-4.06
甲壳类	2 365 290	2 468 447	-103 157	-4.18
贝类	694 737	699 192	-4 455	-0.64
藻类	20 349	23 510	-3 161	[illegible]
头足类	616 558	648 348	-31 790	[illegible]
其他类	342 321	375 507	-33 186	[illegible]

各地区水产品产量(一)

单位:吨

地　区	2017 年							
	总产量	1.养殖产品小计	a.海水养殖	b.淡水养殖	2.捕捞产品小计	a.海洋捕捞	b.远洋渔业	c.淡水捕捞
全国总计	**64 453 279**	**49 059 903**	**20 006 973**	**29 052 930**	**15 393 376**	**11 124 203**	**2 086 200**	**2 182 973**
北　京	45 098	33 082		33 082	12 016		9 000	3 016
天　津	323 321	278 370	9 172	269 198	44 951	27 517	11 900	5 534
河　北	1 164 600	833 333	529 158	304 175	331 267	234 049	48 200	49 018
山　西	53 047	50 905		50 905	2 142			2 142
内蒙古	156 181	127 827		127 827	28 354			28 354
辽　宁	4 794 374	3 911 374	3 081 374	830 000	883 000	552 000	285 400	45 600
吉　林	220 350	201 046		201 046	19 304			19 304
黑龙江	587 302	535 662		535 662	51 640			51 640
上　海	268 882	122 750		122 750	146 132	14 801	129 900	1 431
江　苏	5 075 922	4 211 765	930 759	3 281 006	864 157	530 322	26 200	307 635
浙　江	5 944 516	2 269 829	1 162 558	1 107 271	3 674 687	3 093 263	467 900	113 524
安　徽	2 179 632	1 901 124		1 901 124	278 508			278 508
福　建	7 445 737	5 205 404	4 453 172	752 232	2 240 333	1 743 208	428 200	68 925
江　西	2 505 549	2 279 506		2 279 506	226 043			226 043
山　东	8 680 030	6 415 409	5 190 836	1 224 573	2 264 621	1 749 591	431 300	83 730
河　南	946 730	835 250		835 250	111 480			111 480
湖　北	4 654 222	4 361 261		4 361 261	292 961			292 961
湖　南	2 415 312	2 320 384		2 320 384	94 928			94 928
广　东	8 335 387	6 725 954	3 029 070	3 696 884	1 609 433	1 441 363	47 700	120 370
广　西	3 207 683	2 483 420	1 299 352	1 184 068	724 263	610 758	8 900	104 605
海　南	1 807 899	667 273	321 522	345 751	1 140 626	1 127 331		13 295
重　庆	515 130	496 187		496 187	18 943			18 943
四　川	1 507 396	1 453 613		1 453 613	53 783			53 783
贵　州	254 782	243 262		243 262	11 520			11 520
云　南	631 182	575 233		575 233	55 949			55 949
西　藏	454	71		71	383			383
陕　西	163 030	155 830		155 830	7 200			7 200
甘　肃	15 441	15 441		15 441				
青　海	16 073	16 073		16 073				
宁　夏	180 889	180 460		180 460	429			429
新　疆	165 528	152 805		152 805	12 723			12 723
中农发集团	191 600				191 600		191 600	

各地区水产品产量(二)

单位:吨

地 区	2016年							
	总产量	1.养殖产品小计	a.海水养殖	b.淡水养殖	2.捕捞产品小计	a.海洋捕捞	b.远洋渔业	c.淡水捕捞
全国总计	**63 794 834**	**47 931 960**	**19 153 079**	**28 778 881**	**15 862 874**	**11 872 029**	**1 987 512**	**2 003 333**
北 京	54 288	37 423		37 423	16 865		13 514	3 351
天 津	326 624	270 702	11 334	259 368	55 922	36 403	13 217	6 302
河 北	1 194 099	840 772	511 372	329 400	353 327	247 836	47 591	57 900
山 西	52 209	51 138		51 138	1 071			1 071
内 蒙 古	158 298	128 995		128 995	29 303			29 303
辽 宁	4 799 595	3 915 700	3 085 500	830 200	883 895	553 000	285 495	45 400
吉 林	188 000	181 200		181 200	6 800			6 800
黑 龙 江	556 200	503 300		503 300	52 900			52 900
上 海	269 633	125 800		125 800	143 833	16 910	124 923	2 000
江 苏	5 082 179	4 207 989	904 173	3 303 816	874 190	548 142	20 100	305 948
浙 江	5 843 363	2 023 172	971 901	1 051 271	3 820 191	3 314 451	414 405	91 335
安 徽	2 141 800	1 862 600		1 862 600	279 200			279 200
福 建	7 111 323	4 871 671	4 159 869	711 802	2 239 652	1 882 107	290 445	67 100
江 西	2 417 617	2 194 139		2 194 139	223 478			223 478
山 东	8 899 622	6 391 610	5 127 840	1 263 770	2 508 012	1 884 600	529 512	93 900
河 南	947 600	895 500		895 500	52 100			52 100
湖 北	4 708 394	4 518 227		4 518 227	190 167			190 167
湖 南	2 383 888	2 288 600		2 288 600	95 288			95 288
广 东	8 182 894	6 551 546	2 905 208	3 646 338	1 631 348	1 464 998	45 150	121 200
广 西	3 074 737	2 324 509	1 196 180	1 128 329	750 228	643 000	5 728	101 500
海 南	1 921 289	627 607	279 702	347 905	1 293 682	1 280 582		13 100
重 庆	490 626	470 917		470 917	19 709			19 709
四 川	1 421 600	1 364 653		1 364 653	56 947			56 947
贵 州	246 500	234 900		234 900	11 600			11 600
云 南	601 487	548 206		548 206	53 281			53 281
西 藏	912	80		80	832			832
陕 西	159 000	151 780		151 780	7 220			7 220
甘 肃	15 333	15 333		15 333				
青 海	12 050	12 050		12 050				
宁 夏	174 591	174 175		174 175	416			416
新 疆	161 651	147 666		147 666	13 985			13 985
中农发集团	197 432				197 432		197 432	

各地区水产品产量(三)

单位:吨

地区	2017年比2016年增减(±)							
	总产量	1.养殖产品小计	a.海水养殖	b.淡水养殖	2.捕捞产品小计	a.海洋捕捞	b.远洋渔业	c.淡水捕捞
全国总计	**658 445**	**1 127 943**	**853 894**	**274 049**	**-469 498**	**-747 826**	**98 688**	**179 640**
北　京	-9 190	-4 341		-4 341	-4 849		-4 514	-335
天　津	-3 303	7 668	-2 162	9 830	-10 971	-8 886	-1 317	-768
河　北	-29 499	-7 439	17 786	-25 225	-22 060	-13 787	609	-8 882
山　西	838	-233		-233	1 071			1 071
内蒙古	-2 117	-1 168		-1 168	-949			-949
辽　宁	-5 221	-4 326	-4 126	-200	-895	-1 000	-95	200
吉　林	32 350	19 846		19 846	12 504			12 504
黑龙江	31 102	32 362		32 362	-1 260			-1 260
上　海	-751	-3 050		-3 050	2 299	-2 109	4 977	-569
江　苏	-6 257	3 776	26 586	-22 810	-10 033	-17 820	6 100	1 687
浙　江	101 153	246 657	190 657	56 000	-145 504	-221 188	53 495	22 189
安　徽	37 832	38 524		38 524	-692			-692
福　建	334 414	333 733	293 303	40 430	681	-138 899	137 755	1 825
江　西	87 932	85 367		85 367	2 565			2 565
山　东	-219 592	23 799	62 996	-39 197	-243 391	-135 009	-98 212	-10 170
河　南	-870	-60 250		-60 250	59 380			59 380
湖　北	-54 172	-156 966		-156 966	102 794			102 794
湖　南	31 424	31 784		31 784	-360			-360
广　东	152 493	174 408	123 862	50 546	-21 915	-23 635	2 550	-830
广　西	132 946	158 911	103 172	55 739	-25 965	-32 242	3 172	3 105
海　南	-113 390	39 666	41 820	-2 154	-153 056	-153 251		195
重　庆	24 504	25 270		25 270	-766			-766
四　川	85 796	88 960		88 960	-3 164			-3 164
贵　州	8 282	8 362		8 362	-80			-80
云　南	29 695	27 027		27 027	2 668			2 668
西　藏	-458	-9		-9	-449			-449
陕　西	4 030	4 050		4 050	-20			-20
甘　肃	108	108		108				
青　海	4 023	4 023		4 023				
宁　夏	6 298	6 285		6 285	13			13
新　疆	3 877	5 139		5 139	-1 262			-1 262
中农发集团	-5 832				-5 832		-5 832	

2-2 水产养殖

全国水产养殖产量(按水域和养殖方式分)

单位:吨

指 标		2017 年	2016 年	2017 年比 2016 年增减(±)	
				绝对量	幅度(%)
总 计		**49 059 903**	**47 931 960**	**1 127 943**	**2.35**
1.海水养殖		20 006 973	19 153 079	853 894	4.46
按水域分	海上	11 425 072	10 873 852	551 220	5.07
	滩涂	6 196 565	6 088 559	108 006	1.77
	其他	2 385 336	2 190 668	194 668	8.89
养殖方式中	池塘	2 665 160	2 296 196	368 964	16.07
	普通网箱	567 333	485 169	82 164	16.94
	深水网箱	135 032	117 085	17 947	15.33
	筏式	5 970 989	5 740 094	230 895	4.02
	吊笼	1 191 006	989 903	201 103	20.32
	底播	5 365 280	5 399 931	-34 651	-0.64
	工厂化	240 154	205 082	35 072	17.10
2.淡水养殖		29 052 930	28 778 881	274 049	0.95
按水域分	池塘	21 222 191	20 964 868	257 323	1.23
	湖泊	1 332 501	1 477 606	-145 105	-9.82
	水库	3 216 712	3 329 324	-112 612	-3.38
	河沟	773 275	806 744	-33 469	-4.15
	其他	560 744	571 978	-11 234	-1.96
	稻田养成鱼	1 947 507	1 628 361	319 146	19.60
养殖方式中	围栏	290 820	454 148	-163 328	-35.96
	网箱	826 583	1 196 381	-369 798	-30.91
	工厂化	189 380	175 668	13 712	7.81

全国海水养殖产量(一)

单位:吨

指　　标	2017 年	2016 年	2017 年比 2016 年增减(±)	
			绝对量	幅度(%)
海水养殖	**20 006 973**	**19 153 079**	**853 894**	**4.46**
1.鱼类	1 419 389	1 308 917	110 472	8.44
其中:鲈鱼	156 595	137 901	18 694	13.56
鲆鱼	106 237	117 580	-11 343	-9.65
大黄鱼	177 640	159 529	18 111	11.35
军曹鱼	43 657	37 065	6 592	17.78
鰤鱼	25 933	23 074	2 859	12.39
鲷鱼	81 107	72 181	8 926	12.37
美国红鱼	68 559	67 931	628	0.92
河鲀	24 403	22 993	1 410	6.13
石斑鱼	131 536	107 203	24 333	22.70
鲽鱼	13 655	13 329	326	2.45
2.甲壳类	1 631 185	1 504 168	127 017	8.44
其中:虾	1 345 154	1 221 515	123 639	10.12
其中:南美白对虾	1 080 791	966 819	113 972	11.79
斑节对虾	75 227	71 894	3 333	4.64
中国对虾	37 458	39 010	-1 552	-3.98
日本对虾	52 466	55 368	-2 902	-5.24
蟹	286 031	282 653	3 378	1.20
其中:梭子蟹	119 777	123 154	-3 377	-2.74
青蟹	151 976	146 189	5 787	3.96

全国海水养殖产量(二)

单位:吨

指 标	2017 年	2016 年	2017 年比 2016 年增减(±)	
			绝对量	幅度(%)
3.贝类	14 371 304	13 893 716	477 588	3.44
其中:牡蛎	4 879 422	4 660 434	218 988	4.70
鲍	148 539	134 741	13 798	10.24
螺	254 736	239 357	15 379	6.43
蚶	352 619	354 391	-1 772	-0.50
贻贝	927 609	862 829	64 780	7.51
江珧	16 503	17 191	-688	-4.00
扇贝	2 007 529	1 849 887	157 642	8.52
蛤	4 177 913	4 120 650	57 263	1.39
蛏	862 541	799 282	63 259	7.91
4.藻类	2 227 838	2 107 060	120 778	5.73
其中:海带	1 486 645	1 433 087	53 558	3.74
裙带菜	166 795	151 953	14 842	9.77
紫菜	173 305	131 285	42 020	32.01
江蓠	308 674	286 583	22 091	7.71
麒麟菜	5 629	5 114	515	10.07
石花菜				
羊栖菜	19 997	18 365	1 632	8.89
苔菜	340	354	-14	-3.95
5.其他类	357 257	339 218	18 039	5.32
其中:海参	219 907	202 951	16 956	8.35
海胆(千克)	9 708 159	10 039 605	-331 446	-3.30
海水珍珠(千克)	2 272	2 925	-653	-22.32
海蜇	82 280	79 342	2 938	3.70

全国淡水养殖产量

单位:吨

指　　标	2017 年	2016 年	2017 年比 2016 年增减(±)	
			绝对量	幅度(%)
淡水养殖产量	**29 052 930**	**28 778 881**	**274 049**	**0.95**
1.鱼类	25 409 763	25 400 926	8 837	0.03
2.甲壳类	2 918 540	2 636 632	281 908	10.69
其中:虾	2 167 595	1 887 907	279 688	14.81
其中:罗氏沼虾	137 360	126 591	10 769	8.51
青虾	240 739	238 413	2 326	0.98
克氏原螯虾	1 129 708	827 107	302 601	36.59
南美白对虾	591 496	661 819	-70 323	-10.63
蟹(河蟹)	750 945	748 725	2 220	0.30
3.贝类	214 828	238 085	-23 257	-9.77
其中:河蚌	69 436	88 166	-18 730	-21.24
螺	98 894	100 884	-1 990	-1.97
蚬	21 746	21 823	-77	-0.35
4.藻类(螺旋藻)	7 174	7 320	-146	-1.99
5.其他类	502 625	495 918	6 707	1.35
其中:龟	45 798	44 326	1 472	3.32
鳖	322 102	331 694	-9 592	-2.89
蛙	91 653	85 572	6 081	7.11
珍珠(千克)	939 182	1 588 753	-649 571	-40.89
6.观赏鱼(万尾)	415 960	397 884	18 076	4.54

全国淡水养殖主要鱼类产量

单位:吨

指　标	2017 年	2016 年	2017 年比 2016 年增减(±)	
			绝对量	幅度(%)
青鱼	684 502	679 779	4 723	0.69
草鱼	5 345 641	5 286 580	59 061	1.12
鲢鱼	3 852 813	3 918 236	-65 423	-1.67
鳙鱼	3 097 952	3 114 939	-16 987	-0.55
鲤鱼	3 004 345	2 998 937	5 408	0.18
鲫鱼	2 817 989	2 725 841	92 148	3.38
鳊鱼	833 393	858 354	-24 961	-2.91
泥鳅	394 691	372 587	22 104	5.93
鲶鱼	382 306	392 902	-10 596	-2.70
鮰鱼	227 454	236 786	-9 332	-3.94
黄颡鱼	480 032	434 425	45 607	10.50
鲑鱼	3 089	3 106	-17	-0.55
鳟鱼	41 460	35 198	6 262	17.79
河鲀	6 283	5 044	1 239	24.56
短盖巨脂鲤	82 119	89 255	-7 136	-8.00
长吻鮠	21 331	24 823	-3 492	-14.07
黄鳝	358 295	387 730	-29 435	-7.59
鳜鱼	335 583	314 897	20 686	6.57
池沼公鱼	12 067	13 439	-1 372	-10.21
银鱼	20 699	21 088	-389	-1.84
鲈鱼	456 888	347 259	109 629	31.57
乌鳢	483 141	478 428	4 713	0.99
罗非鱼	1 584 680	1 560 145	24 535	1.57
鲟鱼	83 058	78 764	4 294	5.45
鳗鲡	217 263	210 995	6 268	2.97

各地区海水养殖产量(按品种分)(一)

单位:吨

地区	海水养殖产量	1.鱼类	其中					
			鲈鱼	鲆鱼	大黄鱼	军曹鱼	鰤鱼	鲷鱼
全国总计	**20 006 973**	**1 419 389**	**156 595**	**106 237**	**177 640**	**43 657**	**25 933**	**81 107**
天　津	9 172	2 155		844				
河　北	529 158	10 281	10	3 951				
辽　宁	3 081 374	71 340	7 219	47 411				5
上　海								
江　苏	930 759	82 919	1 562	6 409				89
浙　江	1 162 558	41 900	7 239	94	14 582	38		2 359
福　建	4 453 172	371 836	31 715	4 084	150 542	675	3 661	35 072
山　东	5 190 836	122 745	15 582	40 631				255
广　东	3 029 070	540 350	82 102	2 813	12 516	32 147	22 272	36 443
广　西	1 299 352	55 505	9 617			62		4 262
海　南	321 522	120 358	1 549			10 735		2 622

各地区海水养殖产量(按品种分)(二)

单位:吨

地区	1.鱼类(续)				2.甲壳类	(1)虾	其中	
	其中(续)							
	美国红鱼	河鲀	石斑鱼	鲽鱼			南美白对虾	斑节对虾
全国总计	**68 559**	**24 403**	**131 536**	**13 655**	**1 631 185**	**1 345 154**	**1 080 791**	**75 227**
天　津			347		7 017	7 017	6 967	
河　北		1 904		1 322	29 460	27 065	16 839	11
辽　宁		3 450			38 078	32 916	12 051	
上　海								
江　苏		183	10	2 337	116 374	80 038	21 248	8 664
浙　江	5 723		343	77	107 833	55 898	34 733	796
福　建	16 916	8 862	29 061	1 146	197 916	125 474	99 985	6 001
山　东	4 000	5 158	80	4 927	143 818	126 998	91 133	368
广　东	32 407	4 846	54 873	3 846	542 762	476 424	395 859	52 673
广　西	5 828		2 851		307 341	288 043	287 245	788
海　南	3 685		43 971		140 586	125 281	114 731	5 926

各地区海水养殖产量(按品种分)(三)

单位:吨

地 区	2.甲壳类(续)					3.贝类
	(1)虾(续)		(2)蟹	其 中		
	其中(续)					
	中国对虾	日本对虾		梭子蟹	青蟹	
全国总计	**37 458**	**52 466**	**286 031**	**119 777**	**151 976**	**14 371 304**
天 津						
河 北	5 036	5 028	2 395	2 395		474 748
辽 宁	11 988	7 274	5 162	4 096		2 484 735
上 海						
江 苏	6 652	757	36 336	32 569	1 972	679 840
浙 江	861	2 235	51 935	25 779	26 083	934 345
福 建	5 150	9 869	72 442	31 288	35 109	2 817 252
山 东	7 771	20 778	16 820	14 712		4 140 201
广 东		6 515	66 338	8 938	55 036	1 861 066
广 西		10	19 298		19 298	933 703
海 南			15 305		14 478	45 414

各地区海水养殖产量(按品种分)(四)

单位:吨

地 区	3.贝类(续)								
	其 中								
	牡蛎	鲍	螺	蚶	贻贝	江珧	扇贝	蛤	蛏
全国总计	**4 879 422**	**148 539**	**254 736**	**352 619**	**927 609**	**16 503**	**2 007 529**	**4 177 913**	**862 541**
天 津									
河 北			1 376	7 002	950		424 233	38 923	38
辽 宁	226 128	2 308		37 025	63 965		472 230	1 286 740	50 916
上 海									
江 苏	48 185		67 038	25 347	45 031		48	377 306	60 220
浙 江	195 871	299	12 394	159 847	172 914		750	83 195	305 481
福 建	1 788 061	123 387	6 120	53 394	96 264		8 586	375 986	268 324
山 东	910 685	13 411	16 586	2 548	447 006	60	984 217	1 437 528	163 942
广 东	1 116 515	9 039	102 038	59 300	89 633	16 443	111 887	304 050	12 081
广 西	589 875		43 046	3 779	11 846		2 661	263 276	1 539
海 南	4 102	95	6 138	4 377			2 917	10 909	

各地区海水养殖产量(按品种分)(五)

单位:吨

地区	4.藻类	其中					
		海带	裙带菜	紫菜	江蓠	麒麟菜	石花菜
全国总计	**2 227 838**	**1 486 645**	**166 795**	**173 305**	**308 674**	**5 629**	
天　津							
河　北							
辽　宁	330 236	213 959	116 277				
上　海							
江　苏	42 254	300	4	41 860			
浙　江	74 009	16 964		42 632	40		
福　建	1 031 766	720 017		63 509	195 626		
山　东	659 286	531 330	49 514	14 931	48 394		
广　东	75 243	4 075	1 000	10 373	53 257	2 000	
广　西							
海　南	15 044				11 357	3 629	

各地区海水养殖产量(按品种分)(六)

单位:吨

地区	4.藻类(续)		5.其他	其中			
	其中(续)						
	羊栖菜	苔菜		海参	海胆(千克)	海水珍珠(千克)	海蜇
全国总计	**19 997**	**340**	**357 257**	**219 907**	**9 708 159**	**2 272**	**82 280**
天　津							
河　北			14 669	9 262			3 943
辽　宁			156 985	82 796	2 500 000		68 269
上　海							
江　苏			9 372	351			5 331
浙　江	13 557	340	4 471	2			722
福　建	6 112		34 402	27 358			2 637
山　东			124 786	99 641	5 443 000		1 095
广　东	328		9 649	497	1 765 159	1 990	283
广　西			2 803			282	
海　南			120				

各地区海水养殖产量(按水域和养殖方式分)(一)

单位:吨

地 区	海水养殖产量	按养殖水域分			养殖方式中
		1.海上	2.滩涂	3.其他	1.池塘
全国总计	**20 006 973**	**11 425 072**	**6 196 565**	**2 385 336**	**2 665 160**
天 津	9 172			9 172	7 271
河 北	529 158	437 835	58 092	33 231	37 184
辽 宁	3 081 374	1 989 583	874 841	216 950	219 951
上 海					
江 苏	930 759	217 175	518 828	194 756	282 017
浙 江	1 162 558	443 124	373 367	346 067	334 291
福 建	4 453 172	2 922 034	1 175 746	355 392	344 149
山 东	5 190 836	3 696 031	1 291 573	203 232	356 494
广 东	3 029 070	1 140 636	1 228 302	660 132	656 559
广 西	1 299 352	471 239	532 769	295 344	229 790
海 南	321 522	107 415	143 047	71 060	197 454

各地区海水养殖产量(按水域和养殖方式分)(二)

单位:吨

地 区	养殖方式中(续)					
	2.普通网箱	3.深水网箱	4.筏式	5.吊笼	6.底播	7.工厂化
全国总计	**567 333**	**135 032**	**5 970 989**	**1 191 006**	**5 365 280**	**240 154**
天 津						1 901
河 北			424 718		30 895	11 135
辽 宁	5 377	3 280	934 155	60 887	1 425 183	46 158
上 海						
江 苏		80	117 419	1 600	466 149	15 049
浙 江	21 012	7 191	373 663	1 520	302 181	6 305
福 建	283 812	11 918	1 481 477	153 973	419 161	31 187
山 东	65 032	22 515	1 934 938	885 645	1 812 021	114 171
广 东	117 458	26 407	399 870	84 358	644 541	7 239
广 西	49 041	9 706	304 749	2 748	254 367	50
海 南	25 601	53 935		275	10 782	6 959

各地区淡水养殖产量(按品种分)(一)

单位:吨

地　　区	淡水养殖产量	1.鱼类	其　中				
			青鱼	草鱼	鲢鱼	鳙鱼	鲤鱼
全国总计	**29 052 930**	**25 409 763**	**684 502**	**5 345 641**	**3 852 813**	**3 097 952**	**3 004 345**
北　京	33 082	33 078	591	8 886	2 776	1 611	11 603
天　津	269 198	237 625		36 233	33 209	10 818	96 556
河　北	304 175	272 379	80	47 859	43 346	20 633	104 924
山　西	50 905	50 501	224	17 212	7 345	4 432	15 056
内蒙古	127 827	125 018		17 158	20 762	15 748	48 636
辽　宁	830 000	757 182	1 019	102 133	104 712	61 263	309 235
吉　林	201 046	198 415	1 589	19 711	50 681	38 193	46 999
黑龙江	535 662	528 723		43 822	102 252	43 783	193 117
上　海	122 750	97 112	4 751	25 996	13 581	9 032	737
江　苏	3 281 006	2 418 336	90 756	425 247	457 031	240 739	138 227
浙　江	1 107 271	839 046	59 081	100 538	147 726	109 071	35 383
安　徽	1 901 124	1 517 220	80 002	267 958	267 690	263 511	105 308
福　建	752 232	636 397	12 182	156 174	66 474	56 443	50 234
江　西	2 279 506	2 048 168	51 521	489 495	251 644	349 662	140 195
山　东	1 224 573	1 145 916	10 841	230 518	204 152	123 786	289 914
河　南	835 250	811 375	8 983	141 164	171 481	134 861	238 891
湖　北	4 361 261	3 471 918	210 023	899 387	531 333	431 885	142 777
湖　南	2 320 384	2 104 600	79 014	613 858	373 078	321 045	178 384
广　东	3 696 884	3 377 700	47 957	763 027	222 387	362 153	121 052
广　西	1 184 068	1 154 336	11 297	271 663	200 081	151 163	134 008
海　南	345 751	339 126	1 887	5 080	7 300	10 727	4 375
重　庆	496 187	489 416	2 194	110 216	105 067	47 496	40 446
四　川	1 453 613	1 433 315	1 987	257 133	305 124	166 034	184 160
贵　州	243 262	241 484	1 614	53 025	22 340	37 953	70 432
云　南	575 233	571 345	5 835	96 274	62 815	47 558	139 070
西　藏	71	71		2			15
陕　西	155 830	149 599	233	38 052	34 340	18 900	41 655
甘　肃	15 441	15 355	841	4 788	1 317	372	4 368
青　海	16 073	15 959		96	22		139
宁　夏	180 460	178 993		52 494	18 499	10 846	76 964
新　疆	152 805	150 055		50 442	24 248	8 234	41 485

各地区淡水养殖产量(按品种分)(二)

单位:吨

地 区	1.鱼类(续)						
	其中(续)						
	鲫鱼	鳊鲂	泥鳅	鲶鱼	鮰鱼	黄颡鱼	鲑鱼
全国总计	**2 817 989**	**833 393**	**394 691**	**382 306**	**227 454**	**480 032**	**3 089**
北 京	1 763	909	59	298	164	2	
天 津	49 942	1 796	932	1 267	513	816	
河 北	27 096	810	3 165	304	133	1 564	3
山 西	1 465	75	1	149	31		7
内蒙古	16 667	669	837	1 826	1	90	
辽 宁	71 883	3 897	9 729	35 843	108	1 819	1 147
吉 林	24 718	1 693	2 290	3 075		1 893	178
黑龙江	107 574	602	8 084	6 787	27	3 794	
上 海	30 655	6 711	127		1 697	2 722	
江 苏	622 471	174 882	52 217	7 128	962	24 536	87
浙 江	103 307	34 833	18 957	1 333	1 157	79 029	71
安 徽	185 233	92 950	40 695	18 626	10 687	32 568	2
福 建	31 651	4 049	3 393	7 857	2 102	4 054	3
江 西	195 533	66 315	92 599	53 336	11 657	52 910	138
山 东	128 500	13 218	7 779	20 199	490	2 471	
河 南	54 504	11 348	11 105	12 502	12 544	2 339	
湖 北	398 368	253 359	45 518	20 204	26 571	136 531	
湖 南	212 207	98 606	17 844	28 301	38 741	30 273	
广 东	147 787	20 419	23 358	29 094	16 293	52 766	9
广 西	32 676	1 624	2 506	26 965	11 185	4 990	
海 南	853	409	116	893			
重 庆	108 800	6 132	16 100	8 839	7 211	8 310	73
四 川	187 787	33 709	32 788	80 276	67 698	32 743	634
贵 州	9 408	2 134	2 278	6 514	10 911	2 135	65
云 南	35 632	305	1 135	7 210	2 049	820	186
西 藏	2						28
陕 西	5 245	460	500	870	660	660	30
甘 肃	859	65	3	20	9		315
青 海	46						
宁 夏	12 880	204	514	2 369	3 516	3	
新 疆	12 477	1 210	62	221	337	194	113

各地区淡水养殖产量(按品种分)(三)

单位:吨

地区	1.鱼类(续)						
	其中(续)						
	鳟鱼	河鲀	短盖巨脂鲤	长吻鮠	黄鳝	鳜鱼	池沼公鱼
全国总计	**41 460**	**6 283**	**82 119**	**21 331**	**358 295**	**335 583**	**12 067**
北京	1 447		5				
天津							
河北	1 696		9		7	10	2 700
山西	1 343						5
内蒙古	30					15	784
辽宁	4 819					1 856	456
吉林	318					313	4 463
黑龙江	582					1 594	12
上海					3	23	
江苏		3 491	7 010	19	5 297	26 994	18
浙江	80			45	777	11 050	4
安徽	6	34	3 575	101	40 957	40 390	
福建	169	338	2 968	128	749	1 538	
江西	245		8 388	700	83 511	56 720	
山东	128		1 638		1 413	2 338	
河南	322		464		2 856	385	25
湖北		5	97	1 254	172 302	79 295	
湖南	577		7	129	32 896	21 005	
广东	19	2 415	33 383	4 911	2 425	88 321	2
广西	232		22 766	580	1 216	138	
海南			1 599		53		
重庆	2 050		53	1 842	1 197	657	
四川	1 953		15	9 949	11 600	2 174	
贵州	792			1 632	312	65	
云南	4 562		122	41	359	45	70
西藏	8						
陕西	1 010		16		365	445	
甘肃	1 802						4
青海	13 817						1 839
宁夏	1					2	
新疆	3 452		4			210	1 685

各地区淡水养殖产量(按品种分)(四)

单位:吨

地 区	1.鱼类(续)						2.甲壳类
	其中(续)						
	银鱼	鲈鱼	乌鳢	罗非鱼	鲟鱼	鳗鲡	
全国总计	**20 699**	**456 888**	**483 141**	**1 584 680**	**83 058**	**217 263**	**2 918 540**
北 京		5	10	1 093	1 856		
天 津		766		1 724			31 311
河 北	261	606	68	10 045	6 455		28 440
山 西	1	45	373	803	1 092		135
内 蒙 古	141	21	1 150	67			845
辽 宁	513	34	3 198	1 248	1 240		63 397
吉 林	1 169	36	963	2	131		2 628
黑 龙 江	1 681	10	294				6 870
上 海							25 055
江 苏	80	36 478	29 219	2 949	1 070	6 563	797 557
浙 江	253	42 694	42 192	2 093	5 674	3 390	129 144
安 徽	4 624	5 513	34 213	4 113	255	3 000	291 798
福 建		9 342	1 299	111 792	3 345	83 362	69 369
江 西	1 670	21 350	61 143	6 575	3 555	15 165	121 385
山 东	2 212	722	78 805	7 233	11 448		70 776
河 南	2 306	1 026	1 683	1 164	1 127		17 459
湖 北	2 635	9 952	31 598	3 657	4 871	845	820 645
湖 南	1 260	3 579	44 558	2 539	6 533	165	154 276
广 东	172	296 590	133 498	722 625	2 954	103 146	263 869
广 西	223	794	1 475	231 076	921	250	2 784
海 南				303 756		1 370	1 637
重 庆		1 937	6 758	5 139	1 957		3 619
四 川	512	17 471	9 826	2 602	8 054		8 897
贵 州	489	5 694	128	5 662	7 857		1 017
云 南	262	318	53	155 481	9 647	7	1 104
西 藏			16				
陕 西	66	112	168	389	1 954		287
甘 肃			1	7	535		63
青 海							114
宁 夏		569	24		64		1 437
新 疆	169	1 224	428	846	463		2 622

各地区淡水养殖产量(按品种分)(五)

单位:吨

地区	2.甲壳类(续)						3.贝类	其中
	(1)虾	其中				(2)蟹(河蟹)		
		罗氏沼虾	青虾	克氏原螯虾	南美白对虾			河蚌
全国总计	**2 167 595**	**137 360**	**240 739**	**1 129 708**	**591 496**	**750 945**	**214 828**	**69 436**
北京								
天津	30 414		245		30 169	897		
河北	24 824		973	11	23 840	3 616		
山西	80		3		70	55		
内蒙古	273	1	121		143	572		
辽宁	12 827				11 464	50 570	2	2
吉林	476		61			2 152	3	3
黑龙江	147		107		40	6 723		
上海	17 950	2 836	188	118	13 914	7 105		
江苏	451 690	70 650	113 879	115 354	151 622	345 867	35 313	6 997
浙江	120 890	17 292	23 254	3 478	75 855	8 254	9 112	2 672
安徽	191 941	2 234	49 394	137 686	2 304	99 857	51 379	27 996
福建	68 313	1 227	1 236	275	64 924	1 056	30 465	3 801
江西	102 657	518	27 126	74 387	626	18 728	42 227	12 455
山东	55 818	137	1 599	7 483	41 962	14 958	1 124	453
河南	15 446	780	2 010	11 904	666	2 013	176	123
湖北	652 020	1 624	14 193	631 621	4 582	168 625	4 767	2 847
湖南	148 137	1 145	3 418	135 719	5 793	6 139	18 392	8 180
广东	255 125	37 492	1 643	280	160 051	8 744	14 288	2 827
广西	2 330	959	648	278	22	454	2 792	345
海南	1 637				1 416		135	
重庆	3 024	138	45	2 528	262	595	79	1
四川	8 368	136	205	7 841	186	529	3 619	602
贵州	541	44	26	198	37	476	176	54
云南	918	130	327	441	17	186	714	78
西藏								
陕西	188		2		168	99		
甘肃	23				13	40		
青海						114		
宁夏	532			66	466	905		
新疆	1 006	17	36	40	884	1 616	65	

各地区淡水养殖产量(按品种分)(六)

单位:吨

地 区	3.贝类(续)		4.藻类(螺旋藻)	5.其他类	其 中				6.观赏鱼(万尾)
	其中(续)								
	螺	蚬			龟	鳖	蛙	珍珠(千克)	
全国总计	**98 894**	**21 746**	**7 174**	**502 625**	**45 798**	**322 102**	**91 653**	**939 182**	**415 960**
北 京				4		4			52 726
天 津				262		261			27 362
河 北				3 356		3 256			6 466
山 西				269		269			475
内 蒙 古			1 914	50					17
辽 宁				9 419			9 419		31 254
吉 林									30 332
黑 龙 江				69					
上 海				583	81	464	38		42 311
江 苏	23 645	4 587	1 120	28 680	1 636	24 039	1 543	144 822	86 234
浙 江	3 918	189	115	129 854	13 471	106 550	5 094	804	8 429
安 徽	22 193	1 190		40 727	5 721	30 155	3 362	353 211	14 084
福 建	3 121	9 104	665	15 336	425	4 824	8 950	2 281	2 733
江 西	25 050	3 528	2 704	65 022	6 901	28 688	27 470	318 147	10
山 东	602	5		6 757	13	6 680	1		33 880
河 南	43	10	172	6 068	94	5 939	35		25 150
湖 北	1 648	272		63 931	8 024	48 983	6 924		818
湖 南	8 804	141		43 116	2 083	21 819	14 990	119 917	1 169
广 东	3 975	2 544	36	40 991	4 634	16 283	3 105		22 493
广 西	2 217	172		24 156	2 307	18 853	484		18
海 南				4 853	237	516	3 437		871
重 庆	78			3 073	2	1 146	1 912		12 776
四 川	2 785			7 782	153	2 460	4 422		5 932
贵 州	114	4		585	8	23	144		100
云 南	636		448	1 622	2	60	321		5 751
西 藏									
陕 西				5 944	6	775			3 985
甘 肃				23		23			
青 海									
宁 夏				30		30			523
新 疆	65			63		2	2		61

各地区淡水养殖产量(按水域和养殖方式分)(一)

单位:吨

地区	淡水养殖产量	按水域分			
		1.池塘	2.湖泊	3.水库	4.河沟
全国总计	**29 052 930**	**21 222 191**	**1 332 501**	**3 216 712**	**773 275**
北京	33 082	29 620			
天津	269 198	260 369		4 972	1 269
河北	304 175	241 293	4 198	52 421	1 892
山西	50 905	35 883	631	14 156	95
内蒙古	127 827	74 157	21 425	28 639	3 371
辽宁	830 000	637 382		108 417	5 507
吉林	201 046	84 594	28 045	78 821	560
黑龙江	535 662	373 855	50 500	67 598	25 272
上海	122 750	118 300	680		3 585
江苏	3 281 006	2 512 082	179 559	77 653	206 066
浙江	1 107 271	596 676	4 647	100 200	73 712
安徽	1 901 124	1 162 774	335 907	153 415	110 428
福建	752 232	517 581	4 269	153 732	36 487
江西	2 279 506	1 452 759	261 599	375 446	66 284
山东	1 224 573	934 517	54 705	202 943	10 521
河南	835 250	695 961	8 712	102 227	18 041
湖北	4 361 261	3 532 593	172 377	112 960	5 972
湖南	2 320 384	1 738 024	100 835	232 709	18 902
广东	3 696 884	3 357 127	25 696	244 854	13 868
广西	1 184 068	658 711		393 096	74 538
海南	345 751	324 502	1 024	14 135	242
重庆	496 187	452 756		34 232	1 022
四川	1 453 613	760 564	966	225 666	80 296
贵州	243 262	48 916	101	130 043	5 619
云南	575 233	287 053	5 125	227 179	4 474
西藏	71	71			
陕西	155 830	89 530	3 480	41 610	2 600
甘肃	15 441	11 415	86	2 645	10
青海	16 073	346	90	15 637	
宁夏	180 460	113 752	63 504	2 019	680
新疆	152 805	119 028	4 340	19 287	1 962

各地区淡水养殖产量(按水域和养殖方式分)(二)

单位:吨

地 区	按水域分(续)		养殖方式中		
	5.其他	6.稻田	1.围栏	2.网箱	3.工厂化
全国总计	**560 744**	**1 947 507**	**290 820**	**826 583**	**189 380**
北 京	3 462				1 606
天 津	2 073	515			400
河 北	3 802	569	624	28 396	1 609
山 西		140	45	1 509	
内 蒙 古		235	1 336	413	182
辽 宁	31 593	47 101	1 342	49 518	807
吉 林	3 770	5 256	1 104	2 690	250
黑 龙 江	12 852	5 585	75	1 195	55
上 海		185			100
江 苏	117 015	188 631	33 939	59 808	17 860
浙 江	45 422	286 614	3 471	11 190	32 740
安 徽	36 253	102 347	174 058	73 686	9 628
福 建	27 475	12 688	1 172	20 917	51 727
江 西	41 853	81 565	26 109	66 924	14 941
山 东	19 657	2 230	28 495	35 264	22 842
河 南	2 873	7 436	3 828	38 759	2 873
湖 北	20 375	516 984			8 930
湖 南	39 696	190 218		67 025	6 570
广 东	52 419	2 920	2 534	4 046	1 453
广 西	37 794	19 929	6 890	144 449	262
海 南	5 848		254	580	60
重 庆		8 177	1 340	170	499
四 川	8 337	377 784		8 667	1 025
贵 州	16 957	41 626	767	65 652	1 292
云 南	3 334	48 068	1 015	104 033	9 738
西 藏					16
陕 西	18 450	160	2 422	25 065	532
甘 肃	1 284	1		195	596
青 海				13 814	
宁 夏		505			
新 疆	8 150	38		2 618	787

2-3 国内捕捞

全国海洋捕捞产量

单位:吨

指　　标	2017 年	2016 年	2017 年比 2016 年增减(±)	
			绝对量	幅度(%)
海洋捕捞产量	**11 124 203**	**11 872 029**	**-747 826**	**-6.30**
1.鱼类	7 652 163	8 208 458	-556 295	-6.78
2.甲壳类	2 075 964	2 181 850	-105 886	-4.85
其中:虾	1 352 269	1 434 420	-82 151	-5.73
其中:毛虾	440 600	469 430	-28 830	-6.14
对虾	180 696	162 849	17 847	10.96
鹰爪虾	283 310	312 307	-28 997	-9.28
虾蛄	219 087	236 761	-17 674	-7.46
蟹	723 695	747 430	-23 735	-3.18
其中:梭子蟹	497 763	508 824	-11 061	-2.17
青蟹	79 491	86 809	-7 318	-8.43
蟳	34 750	32 542	2 208	6.79
3.贝类	442 890	462 482	-19 592	-4.24
4.藻类	19 976	23 133	-3 157	-13.65
5.头足类	616 558	648 348	-31 790	-4.90
其中:乌贼	136 772	133 877	2 895	2.16
鱿鱼	320 199	349 762	-29 563	-8.45
章鱼	110 835	124 394	-13 559	-10.90
6.其他类	316 652	347 758	-31 106	-8.94
其中:海蜇	168 538	183 617	-15 079	-8.21

全国海洋捕捞主要鱼类产量

单位:吨

指 标	2017 年	2016 年	2017 年比 2016 年增减(±)	
			绝对量	幅度(%)
海鳗	340 504	375 618	-35 114	-9.35
鳓鱼	75 167	82 838	-7 671	-9.26
鳀鱼	703 655	816 161	-112 506	-13.78
沙丁鱼	119 275	139 441	-20 166	-14.46
鲱鱼	10 887	16 514	-5 627	-34.07
石斑鱼	117 204	125 485	-8 281	-6.60
鲷鱼	153 446	164 968	-11 522	-6.98
蓝圆鲹	535 188	575 815	-40 627	-7.06
白姑鱼	94 412	102 378	-7 966	-7.78
黄姑鱼	62 771	72 808	-10 037	-13.79
鮸鱼	58 794	69 372	-10 578	-15.25
大黄鱼	68 890	79 543	-10 653	-13.39
小黄鱼	290 732	296 321	-5 589	-1.89
梅童鱼	269 839	281 996	-12 157	-4.31
方头鱼	45 842	41 865	3 977	9.50
玉筋鱼	100 690	108 984	-8 294	-7.61
带鱼	1 012 329	1 037 879	-25 550	-2.46
金线鱼	374 572	439 716	-65 144	-14.82
梭鱼	134 800	143 969	-9 169	-6.37
鲐鱼	444 839	448 603	-3 764	-0.84
鲅鱼	355 564	359 472	-3 908	-1.09
金枪鱼	58 258	49 558	8 700	17.56
鲳鱼	329 547	330 376	-829	-0.25
马面鲀	157 443	169 296	-11 853	-7.00
竹荚鱼	37 510	38 661	-1 151	-2.98
鲻鱼	102 102	103 894	-1 792	-1.72

全国海洋捕捞产量(按海域、渔具分)

单位:吨

指标		2017 年	2016 年	2017 年比 2016 年增减(±)	
				绝对量	幅度(%)
合计		**11 124 203**	**11 872 029**	**-747 826**	**-6.30**
按捕捞海域分	渤海	698 002	735 124	-37 122	-5.05
	黄海	2 529 459	2 656 281	-126 822	-4.77
	东海	4 513 623	4 883 270	-369 647	-7.57
	南海	3 383 119	3 597 354	-214 235	-5.96
按捕捞渔具分	拖网	5 355 104	5 608 740	-253 636	-4.52
	围网	927 676	1 028 374	-100 698	-9.79
	刺网	2 420 958	2 591 242	-170 284	-6.57
	张网	1 286 275	1 414 727	-128 452	-9.08
	钓具	332 304	376 691	-44 387	-11.78
	其他渔具	801 886	852 255	-50 369	-5.91

全国淡水捕捞产量

单位:吨

指标	2017 年	2016 年	2017 年比 2016 年增减(±)	
			绝对量	幅度(%)
淡水捕捞产量	**2 182 973**	**2 003 333**	**179 640**	**8.97**
1.鱼类	1 615 758	1 451 900	163 858	11.29
2.甲壳类	289 326	286 597	2 729	0.95
虾	244 671	238 634	6 037	2.53
蟹	44 655	47 963	-3 308	-6.90
3.贝类	251 847	236 710	15 137	6.39
4.藻类	373	377	-4	-1.06
5.其他类	25 669	27 749	-2 080	-7.50
其中:丰年虫	566	2 999	-2 433	-81.13

各地区海洋捕捞产量(按品种分)(一)

单位:吨

地　　区	海洋捕捞产量	1.鱼类	其　中				
			海鳗	鳓鱼	鳀鱼	沙丁鱼	鲱鱼
全国总计	**11 124 203**	**7 652 163**	**340 504**	**75 167**	**703 655**	**119 275**	**10 887**
天　　津	27 517	23 708			17 221		
河　　北	234 049	138 450			52 529		
辽　　宁	552 000	326 033	491	311	43 090	1 124	16
上　　海	14 801	4 761	242	42			
江　　苏	530 322	293 603	7 894	2 242	2 627	246	33
浙　　江	3 093 263	2 116 197	80 049	11 777	74 627	10 744	1 909
福　　建	1 743 208	1 268 922	61 994	11 876	71 672	7 368	3 818
山　　东	1 749 591	1 214 121	19 429		403 486	5 330	
广　　东	1 441 363	1 021 609	74 017	26 152	32 071	65 416	3 838
广　　西	610 758	344 344	13 396	21 428		12 172	926
海　　南	1 127 331	900 415	82 992	1 339	6 332	16 875	347

各地区海洋捕捞产量(按品种分)(二)

单位:吨

地　　区	1.鱼类(续)							
	其中(续)							
	石斑鱼	鲷鱼	蓝圆鲹	白姑鱼	黄姑鱼	鮸鱼	大黄鱼	小黄鱼
全国总计	**117 204**	**153 446**	**535 188**	**94 412**	**62 771**	**58 794**	**68 890**	**290 732**
天　　津								602
河　　北					265	30	1 838	11 558
辽　　宁	4 741	52		947	1 625	270	19 312	61 200
上　　海					3		17	260
江　　苏	16	89	17	3 512	7 291	1 956	383	28 775
浙　　江	1 262	5 021	60 808	43 892	32 054	40 335	426	97 425
福　　建	17 558	54 544	243 725	9 224	8 241	9 857	3 226	9 437
山　　东		41		10 636	5 473	411	1 782	41 827
广　　东	45 674	45 180	104 154	21 424	4 459	4 705	26 867	25 447
广　　西	5 788	26 194	72 592	1 447	72	767		
海　　南	42 165	22 325	53 892	3 330	3 288	463	15 039	14 201

各地区海洋捕捞产量(按品种分)(三)

单位:吨

地区	1.鱼类(续)							
	其中(续)							
	梅童鱼	方头鱼	玉筋鱼	带鱼	金线鱼	梭鱼	鲐鱼	鲅鱼
全国总计	**269 839**	**45 842**	**100 690**	**1 012 329**	**374 572**	**134 800**	**444 839**	**355 564**
天　津				110		363	937	1 096
河　北	267		173	2 324		12 009	7 357	11 821
辽　宁	3 944	155	3 405	6 760		12 924	20 311	38 131
上　海	102			270			5	159
江　苏	74 882	183	336	54 111		8 613	4 970	7 711
浙　江	164 558	16 725	29 562	391 385	3 592	5 461	188 393	83 297
福　建	20 172	4 224	16 494	142 366	9 175	15 750	118 817	41 898
山　东			33 955	67 883		23 270	45 186	139 146
广　东	3 168	8 535	1 945	157 615	86 713	24 960	32 222	27 871
广　西		44		30 197	34 221	10 169	13 133	2 158
海　南	2 746	15 976	14 820	159 308	240 871	21 281	13 508	2 276

各地区海洋捕捞产量(按品种分)(四)

单位:吨

地区	1.鱼类(续)					2.甲壳类	(1)虾	其中
	其中(续)							
	金枪鱼	鲳鱼	马面鲀	竹荚鱼	鲻鱼			毛虾
全国总计	**58 258**	**329 547**	**157 443**	**37 510**	**102 102**	**2 075 964**	**1 352 269**	**440 600**
天　津						1 457	1 091	271
河　北		3 032	20		5 863	47 534	33 267	8 148
辽　宁	112	2 037	373	24	4 199	108 555	72 455	20 152
上　海	2	269		67		9 757	1 154	
江　苏		34 260	1 161		11 549	154 009	51 441	27 437
浙　江	6 128	94 131	24 904	2 112	15 696	794 931	565 717	181 383
福　建	2 515	58 360	41 692	10 946	24 568	313 557	183 051	56 928
山　东		23 331	1 761	7		207 349	174 172	64 619
广　东	28 156	68 307	43 164	4 891	19 085	234 570	151 714	41 328
广　西		11 646	28 124	420	8 313	126 900	71 400	29 340
海　南	21 345	34 174	16 244	19 043	12 829	77 345	46 807	10 994

各地区海洋捕捞产量(按品种分)(五)

单位:吨

地 区	2.甲壳类(续)						
	(1)虾(续)			(2)蟹	其 中		
	其中(续)						
	对虾	鹰爪虾	虾蛄		梭子蟹	青蟹	蟳
全国总计	**180 696**	**283 310**	**219 087**	**723 695**	**497 763**	**79 491**	**34 750**
天 津	20		510	366	270		
河 北	2 789	2 297	16 660	14 267	9 462	10	83
辽 宁	3 628	5 482	32 679	36 100	14 995	3 795	11 410
上 海	220	621		8 603	7 031		
江 苏	2 341	8 759	8 325	102 568	92 524	3 403	1 480
浙 江	24 192	176 585	49 613	229 214	176 276	3 513	7 843
福 建	27 167	42 255	34 515	130 506	87 432	15 581	5 542
山 东	13 642	21 465	41 729	33 177	23 838	72	2 303
广 东	63 700	13 560	25 436	82 856	43 469	31 674	3 270
广 西	18 114	8 313	7 344	55 500	30 314	11 387	2 116
海 南	24 883	3 973	2 276	30 538	12 152	10 056	703

各地区海洋捕捞产量(按品种分)(六)

单位:吨

地 区	3.贝类	4.藻类	5.头足类	其 中			6.其他类	其 中
				乌贼	鱿鱼	章鱼		海蜇
全国总计	**442 890**	**19 976**	**616 558**	**136 772**	**320 199**	**110 835**	**316 652**	**168 538**
天 津	1 617		534	5	463	66	201	201
河 北	19 786		9 740	1 581	1 650	5 117	18 539	10 624
辽 宁	50 880	237	27 796	2 700	16 086	4 653	38 499	8 867
上 海	2		272	48	55	169	9	
江 苏	41 933	1 229	14 936	2 202	8 093	3 635	24 612	14 742
浙 江	14 772	604	147 315	37 727	79 133	27 345	19 444	4 726
福 建	40 115	1 714	104 725	30 449	51 258	16 157	14 175	11 800
山 东	139 898	1 058	91 325	7 976	47 317	26 213	95 840	58 257
广 东	54 257	6 423	76 199	18 047	33 263	14 152	48 305	16 585
广 西	53 297		45 777	16 093	22 523	6 862	40 440	37 005
海 南	26 333	8 711	97 939	19 944	60 358	6 466	16 588	5 731

各地区海洋捕捞产量(按海域分)

单位:吨

地　　区	海洋捕捞产量	按捕捞海域分			
		1.渤海	2.黄海	3.东海	4.南海
全国总计	**11 124 203**	**698 002**	**2 529 459**	**4 513 623**	**3 383 119**
天　　津	27 517	6 493	21 024		
河　　北	234 049	177 060	56 989		
辽　　宁	552 000	214 317	332 109	5 574	
上　　海	14 801			14 801	
江　　苏	530 322	455	472 693	57 174	
浙　　江	3 093 263		196 730	2 896 533	
福　　建	1 743 208			1 539 541	203 667
山　　东	1 749 591	299 677	1 449 914		
广　　东	1 441 363				1 441 363
广　　西	610 758				610 758
海　　南	1 127 331				1 127 331

各地区海洋捕捞产量(按渔具分)

单位:吨

地　　区	海洋捕捞产量	按捕捞渔具分					
		1.拖网	2.围网	3.刺网	4.张网	5.钓具	6.其他
全国总计	**11 124 203**	**5 355 104**	**927 676**	**2 420 958**	**1 286 275**	**332 304**	**801 886**
天　　津	27 517	16 625	3 985	6 254	113		540
河　　北	234 049	60 892	2 226	107 787	45 092		18 052
辽　　宁	552 000	198 130	4 921	247 401	46 491	15 546	39 511
上　　海	14 801	12 617		900	1 284		
江　　苏	530 322	77 736	5 776	156 358	204 914	212	85 326
浙　　江	3 093 263	1 869 665	181 715	294 971	534 097	38 577	174 238
福　　建	1 743 208	670 599	268 362	272 669	295 445	40 305	195 828
山　　东	1 749 591	1 146 358	30 607	324 785	114 089	12 905	120 847
广　　东	1 441 363	736 851	133 828	423 585	7 027	87 167	52 905
广　　西	610 758	398 821	57 818	76 414	179	6 838	70 688
海　　南	1 127 331	166 810	238 438	509 834	37 544	130 754	43 951

各地区淡水捕捞产量(按品种分)

单位:吨

地 区	淡水捕捞产量	1.鱼类	2.甲壳类	虾	蟹	3.贝类	4.藻类	5.其他类	其中:丰年虫
全国总计	**2 182 973**	**1 615 758**	**289 326**	**244 671**	**44 655**	**251 847**	**373**	**25 669**	**566**
北 京	3 016	3 011	5	5					
天 津	5 534	4 607	343	283	60	181		403	26
河 北	49 018	41 346	4 757	4 025	732	2 610		305	
山 西	2 142	2 083	9	9				50	50
内 蒙 古	28 354	27 757	517	515	2			80	67
辽 宁	45 600	39 225	5 158	2 429	2 729	382		835	
吉 林	19 304	18 271	749	739	10	284			
黑 龙 江	51 640	51 078	111	111		439		12	
上 海	1 431	1 396	19	17	2			16	
江 苏	307 635	182 924	52 777	39 434	13 343	68 013	322	3 599	
浙 江	113 524	77 826	9 200	7 513	1 687	24 419	28	2 051	
安 徽	278 508	176 381	60 381	52 533	7 848	37 274		4 472	
福 建	68 925	46 968	5 130	4 034	1 096	16 057		770	
江 西	226 043	156 351	40 805	38 649	2 156	25 360	20	3 507	
山 东	83 730	69 057	10 687	6 636	4 051	3 599		387	
河 南	111 480	101 036	9 066	8 543	523	1 366		12	
湖 北	292 961	223 378	48 371	44 749	3 622	17 713		3 499	
湖 南	94 928	71 378	13 200	11 648	1 552	8 404		1 946	
广 东	120 370	75 774	11 117	8 276	2 841	32 562		917	8
广 西	104 605	86 871	6 863	5 732	1 131	9 606		1 265	
海 南	13 295	10 796	795	586	209	1 692		12	
重 庆	18 943	17 083	1 535	1 293	242	325			
四 川	53 783	49 655	3 471	3 181	290	510		147	
贵 州	11 520	10 248	1 153	1 048	105	73		46	
云 南	55 949	51 628	2 618	2 530	88	970	2	731	
西 藏	383	47						336	336
陕 西	7 200	6 889	110	100	10	8	1	192	
甘 肃									
青 海									
宁 夏	429	416	13		13				
新 疆	12 723	12 278	366	53	313			79	79

2-4 远洋渔业

各地区远洋渔业

单位:吨、万元

地区	远洋捕捞产量	运回国内量	境外出售量	远洋渔业总产值	2017年比2016年增减(±) 远洋捕捞产量	运回国内量	境外出售量	远洋渔业总产值
全国总计	**2 086 200**	**1 236 247**	**849 953**	**2 357 800**	**98 688**	**132 475**	**−33 787**	**402 419**
北京	9 000	8 334	666	10 500	−4 514	−1 106	−3 408	−1 796
天津	11 900	8 726	3 174	10 400	−1 317	−1 587	270	−16
河北	48 200	2 762	45 438	13 300	609	−12 208	12 817	1 921
辽宁	285 400	104 136	181 264	271 200	−95	8 144	−8 239	26 542
上海	129 900	78 384	51 516	170 700	4 977	10 367	−5 390	36 881
江苏	26 200	14 332	11 868	27 200	6 100	354	5 746	6 529
浙江	467 900	443 339	24 561	568 600	53 495	85 673	−32 178	158 186
福建	428 200	219 929	208 271	328 200	137 755	55 394	82 361	116 155
山东	431 300	209 749	221 551	528 300	−98 212	−45 744	−52 468	−67 094
广东	47 700	20 924	26 776	90 800	2 550	5 853	−3 303	10 734
广西	8 900	269	8 631	10 400	3 172	217	2 955	4 529
海南								
中农发集团	191 600	125 363	66 237	328 200	−5 832	27 118	−32 950	109 848

各地区远洋渔业主要品种产量

单位:吨

地区	远洋捕捞产量	其中 金枪鱼	鱿鱼	竹荚鱼
全国总计	**2 086 200**	**343 541**	**519 721**	**17 406**
北京	9 000	538	4 978	
天津	11 900	516	422	
河北	48 200		1 898	
辽宁	285 400	26 920	14 914	
上海	129 900	75 612	16 994	17 406
江苏	26 200		11 396	
浙江	467 900	87 976	308 107	
福建	428 200	34 635	14 754	
山东	431 300	50 381	98 018	
广东	47 700	20 171	1 233	
广西	8 900			
海南				
中农发集团	191 600	46 792	47 007	

第三部分

生产要素

3-1　水产养殖面积

全国水产养殖面积（按水域和养殖方式分）

单位：公顷

指　　标		2017 年	2016 年	2017 年比 2016 年增减(±)	
				绝对量	幅度(%)
总　　计		**7 449 034**	**7 445 543**	**3 491**	**0.05**
1.海水养殖		2 084 076	2 098 103	-14 027	-0.67
按水域分	海上	1 102 887	1 102 421	466	0.04
	滩涂	658 275	652 720	5 555	0.85
	其他	322 914	342 962	-20 048	-5.85
养殖方式中	池塘	400 033	401 339	-1 306	-0.33
	普通网箱(米^2)	48 881 971	48 213 713	668 258	1.39
	深水网箱(米^3)	12 184 609	10 325 036	1 859 573	18.01
	筏式	346 942	323 576	23 366	7.22
	吊笼	118 681	114 011	4 670	4.10
	底播	875 712	878 472	-2 760	-0.31
	工厂化(米^3)	31 051 119	26 585 771	4 465 348	16.80
2.淡水养殖		5 364 958	5 347 440	17 518	0.33
按水域分	池塘	2 527 781	2 447 068	80 713	3.30
	湖泊	886 492	914 714	-28 222	-3.09
	水库	1 615 407	1 644 140	-28 733	-1.75
	河沟	213 735	220 014	-6 279	-2.85
	其他	121 543	121 504	39	0.03
	稻田养成鱼	1 682 689	1 484 001	198 688	13.39
养殖方式中	围栏(米^2)	1 138 294 251	2 128 331 354	-990 037 103	-46.52
	网箱(米^2)	69 810 644	135 931 244	-66 120 600	-48.64
	工厂化(米^3)	39 899 956	34 881 209	5 018 747	14.39

全国海水养殖面积(按品种分)

单位:公顷

指　　标	2017 年	2016 年	2017 年比 2016 年增减(±)	
			绝对量	幅度(%)
海水养殖	**2 084 076**	**2 098 103**	**-14 027**	**-0.67**
1.鱼类	89 917	101 483	-11 566	-11.40
2.甲壳类	299 053	305 816	-6 763	-2.21
其中:虾	245 409	252 286	-6 877	-2.73
其中:南美白对虾	165 833	168 505	-2 672	-1.59
斑节对虾	11 949	12 941	-992	-7.67
中国对虾	22 639	25 124	-2 485	-9.89
日本对虾	25 741	20 548	5 193	25.27
蟹	53 644	53 530	114	0.21
其中:梭子蟹	24 648	25 524	-876	-3.43
青蟹	22 734	22 849	-115	-0.50
3.贝类	1 286 771	1 302 793	-16 022	-1.23
其中:牡蛎	138 462	137 116	1 346	0.98
鲍	14 393	13 798	595	4.31
螺	38 907	40 694	-1 787	-4.39
蚶	39 167	41 713	-2 546	-6.10
贻贝	49 039	46 018	3 021	6.56
江珧	676	916	-240	-26.20
扇贝	462 927	454 337	8 590	1.89
蛤	416 742	389 852	26 890	6.90
蛏	54 578	55 283	-705	-1.28
4.藻类	145 263	133 414	11 849	8.88
其中:海带	44 236	42 345	1 891	4.47
裙带菜	6 431	6 820	-389	-5.70
紫菜	79 607	69 234	10 373	14.98
江蓠	8 810	8 909	-99	-1.11
麒麟菜	345	419	-74	-17.66
石花菜				
羊栖菜	1 095	1 099	-4	-0.36
苔菜	20	34	-14	-41.18
5.其他类	263 072	254 597	8 475	3.33
其中:海参	219 163	211 160	8 003	3.79
海胆	14 366	14 029	337	2.40
海水珍珠	2 486	2 651	-165	-6.22
海蜇	16 272	14 378	1 894	13.17

各地区水产养殖面积（一）

单位：公顷

地区	2017年				2016年				2017年比2016年增减(±)			
	总面积	海水养殖面积	淡水养殖面积	其中：池塘	总面积	海水养殖面积	淡水养殖面积	其中：池塘	总面积	海水养殖面积	淡水养殖面积	其中：池塘
全国总计	**7 449 034**	**2 084 076**	**5 364 958**	**2 527 781**	**7 445 543**	**2 098 103**	**5 347 440**	**2 447 068**	**3 491**	**-14 027**	**17 518**	**80 713**
北　京	2 928		2 928	2 869	2 800		2 800	2 752	128		128	117
天　津	33 345	3 206	30 139	27 261	41 001	8 999	32 002	28 208	-7 656	-5 793	-1 863	-947
河　北	153 484	107 583	45 901	22 324	179 601	124 800	54 801	22 385	-26 117	-17 217	-8 900	-61
山　西	10 748		10 748	2 422	9 900		9 900	2 210	848		848	212
内蒙古	137 105		137 105	19 085	136 900		136 900	18 830	205		205	255
辽　宁	878 700	698 400	180 300	36 401	878 700	698 400	180 300	37 256				-855
吉　林	250 697		250 697	30 812	181 300		181 300	29 350	69 397		69 397	1 462
黑龙江	382 677		382 677	92 645	375 400		375 400	88 173	7 277		7 277	4 472
上　海	15 621		15 621	14 117	16 300		16 300	14 747	-679		-679	-630
江　苏	632 151	192 390	439 761	297 719	625 041	185 480	439 561	297 519	7 110	6 910	200	200
浙　江	273 998	75 954	198 044	71 868	280 901	78 701	202 200	71 371	-6 903	-2 747	-4 156	497
安　徽	477 177		477 177	183 607	476 600		476 600	180 789	577		577	2 818
福　建	241 921	155 739	86 182	34 918	238 601	153 000	85 601	34 253	3 320	2 739	581	665
江　西	412 784		412 784	161 030	412 884		412 884	160 969	-100		-100	61
山　东	833 586	610 377	223 209	110 429	839 500	604 800	234 700	102 721	-5 914	5 577	-11 491	7 708

各地区水产养殖面积(二)

单位:公顷

地区	2017年				2016年				2017年比2016年增减(±)			
	总面积	海水养殖面积	淡水养殖面积	其中:池塘	总面积	海水养殖面积	淡水养殖面积	其中:池塘	总面积	海水养殖面积	淡水养殖面积	其中:池塘
河南	146 620		146 620	111 952	147 000		147 000	67 395	-380		-380	44 557
湖北	797 575		797 575	531 167	853 064		853 064	521 083	-55 489		-55 489	10 084
湖南	417 478		417 478	240 463	413 959		413 959	235 664	3 519		3 519	4 799
广东	473 771	161 690	312 081	232 031	480 800	166 200	314 600	235 146	-7 029	-4 510	-2 519	-3 115
广西	181 966	47 022	134 944	59 247	180 600	45 400	135 200	59 725	1 366	1 622	-256	-478
海南	61 101	31 715	29 386	20 296	62 070	32 323	29 747	24 219	-969	-608	-361	-3 923
重庆	82 204		82 204	52 288	80 141		80 141	50 225	2 063		2 063	2 063
四川	188 395		188 395	95 725	181 100		181 100	90 960	7 295		7 295	4 765
贵州	35 177		35 177	5 918	33 400		33 400	5 445	1 777		1 777	473
云南	93 493		93 493	22 937	91 400		91 400	22 774	2 093		2 093	163
西藏	4		4	4	5		5	5	-1		-1	-1
陕西	42 900		42 900	10 211	42 900		42 900	10 211				
甘肃	6 500		6 500	1 394	6 100		6 100	1 150	400		400	244
青海	17 400		17 400	139	17 400		17 400	139				
宁夏	35 097		35 097	15 053	32 433		32 433	14 873	2 664		2 664	180
新疆	132 431		132 431	21 449	127 742		127 742	16 521	4 689		4 689	4 928

各地区海水养殖面积(按品种分)(一)

单位:公顷

地　区	海水养殖面积	1.鱼类	2.甲壳类	虾	其中 南美白对虾	斑节对虾	中国对虾	日本对虾
全国总计	**2 084 076**	**89 917**	**299 053**	**245 409**	**165 833**	**11 949**	**22 639**	**25 741**
天　津	3 206	74	3 132	3 132	3 132			
河　北	107 583	687	25 727	23 770	11 712		6 396	5 073
辽　宁	698 400	7 207	18 767	17 486	3 388		7 199	6 005
上　海								
江　苏	192 390	9 649	23 013	14 633	2 949	2 460	1 701	150
浙　江	75 954	3 101	24 522	10 089	7 065	191	106	431
福　建	155 739	14 722	23 020	14 325	9 136	1 493	1 031	2 261
山　东	610 377	8 498	88 689	80 995	60 216	443	4 611	11 003
广　东	161 690	27 255	62 641	53 642	41 675	6 656	1 595	809
广　西	47 022	1 265	18 850	17 785	17 683	93		9
海　南	31 715	17 459	10 692	9 552	8 877	613		

各地区海水养殖面积(按品种分)(二)

单位:公顷

地　区	2.甲壳类(续) 蟹	其中 梭子蟹	青蟹	3.贝类	其中 牡蛎	鲍	螺	蚶	贻贝
全国总计	**53 644**	**24 648**	**22 734**	**1 286 771**	**138 462**	**14 393**	**38 907**	**39 167**	**49 039**
天　津									
河　北	1 957	1 957		73 401			680	2 835	540
辽　宁	1 281	651		516 118	21 241	1 815		20 049	2 530
上　海									
江　苏	8 380	8 254	126	110 571	3 230	150	19 608	3 353	4 047
浙　江	14 433	2 785	9 594	32 635	3 920	41	2 477	6 198	1 626
福　建	8 695	4 172	4 225	73 633	34 505	5 430	462	3 124	1 569
山　东	7 694	6 257		386 559	34 953	6 259	7 498	574	34 913
广　东	8 999	572	6 684	65 136	25 686	685	5 540	2 540	3 634
广　西	1 065		1 065	25 929	14 622		2 597	198	180
海　南	1 140		1 040	2 789	305	13	45	296	

各地区海水养殖面积（按品种分）（三）

单位：公顷

地区	3.贝类（续）				4.藻类				
	其中（续）					其中			
	江珧	扇贝	蛤	蛏		海带	裙带菜	紫菜	江蓠
全国总计	**676**	**462 927**	**416 742**	**54 578**	**145 263**	**44 236**	**6 431**	**79 607**	**8 810**
天　津									
河　北		51 179	14 948	13					
辽　宁		273 294	145 686	3 945	10 916	5 814	5 102		
上　海									
江　苏		106	71 157	4 391	47 775	520		47 255	
浙　江		74	5 021	12 673	15 329	865		13 709	4
福　建		231	13 733	13 103	41 059	18 529		15 178	5 765
山　东	64	131 678	142 430	18 573	27 098	18 397	1 313	2 978	1 299
广　东	612	5 821	16 011	1 780	2 365	111	16	487	1 334
广　西		184	6 310	100					
海　南		360	1 446		721				408

各地区海水养殖面积（按品种分）（四）

单位：公顷

地区	4.藻类（续）				5.其他				
	其中（续）					其中			
	麒麟菜	石花菜	羊栖菜	苔菜		海参	海胆	海水珍珠	海蜇
全国总计	**345**		**1 095**	**20**	**263 072**	**219 163**	**14 366**	**2 486**	**16 272**
天　津									
河　北					7 768	7 718			25
辽　宁					145 392	123 820	6 489		13 544
上　海									
江　苏					1 382	637			701
浙　江			705	20	367	27			177
福　建			359		3 305	1 740			1 452
山　东					99 533	84 910	5 536		347
广　东	34		31		4 293	311	2 341	1 615	26
广　西					978			871	
海　南	311				54				

各地区海水养殖面积(按水域和养殖方式分类)(一)

单位:公顷

地 区	海水养殖面积	按养殖水域分			养殖方式中	
		1.海上	2.滩涂	3.其他	1.池塘	2.普通网箱(米^2)
全国总计	**2 084 076**	**1 102 887**	**658 275**	**322 914**	**400 033**	**48 881 971**
天 津	3 206			3 206	3 205	
河 北	107 583	57 813	28 177	21 593	21 250	
辽 宁	698 400	496 584	116 801	85 015	80 952	841 032
上 海						
江 苏	192 390	51 179	120 354	20 857	36 481	
浙 江	75 954	20 671	30 975	24 308	24 409	816 835
福 建	155 739	79 969	49 664	26 106	27 468	40 904 554
山 东	610 377	315 390	220 865	74 122	111 352	1 627 355
广 东	161 690	49 477	64 221	47 992	63 799	2 877 146
广 西	47 022	15 687	16 848	14 487	17 309	631 989
海 南	31 715	16 117	10 370	5 228	13 808	1 183 060

各地区海水养殖面积(按水域和养殖方式分类)(二)

单位:公顷

地 区	养殖方式中(续)				
	3.深水网箱(米^3)	4.筏式	5.吊笼	6.底播	7.工厂化(米^3)
全国总计	**12 184 609**	**346 942**	**118 681**	**875 712**	**31 051 119**
天 津					225 820
河 北		51 854		16 600	3 342 330
辽 宁	534 974	53 028	9 938	468 315	2 888 668
上 海					
江 苏	10 500	50 633	300	90 915	699 046
浙 江	1 249 038	16 937	98	20 119	1 394 523
福 建	323 908	44 809	6 956	16 797	10 845 659
山 东	1 970 068	108 894	97 234	219 589	10 536 221
广 东	802 119	15 224	3 898	33 185	756 246
广 西	1 140 709	5 563	177	8 569	2 800
海 南	6 153 293		80	1 623	359 806

各地区淡水养殖面积(按水域和养殖方式分)(一)

单位:公顷

地区	淡水养殖面积	按水域			
		1.池塘	2.湖泊	3.水库	4.河沟
全国总计	**5 364 958**	**2 527 781**	**886 492**	**1 615 407**	**213 735**
北京	2 928	2 869			
天津	30 139	27 261		2 336	359
河北	45 901	22 324	1 603	20 864	786
山西	10 748	2 422	1 151	7 156	19
内蒙古	137 105	19 085	46 229	66 054	5 737
辽宁	180 300	36 401		85 028	6 278
吉林	250 697	30 812	84 415	135 315	150
黑龙江	382 677	92 645	118 523	146 333	18 540
上海	15 621	14 117	348		1 156
江苏	439 761	297 719	67 227	16 515	45 490
浙江	198 044	71 868	2 210	95 754	23 231
安徽	477 177	183 607	163 821	77 537	42 580
福建	86 182	34 918	727	44 368	4 273
江西	412 784	161 030	95 267	138 632	14 494
山东	223 209	110 429	9 902	95 621	4 373
河南	146 620	111 952	3 350	24 080	7 231
湖北	797 575	531 167	136 662	122 584	2 813
湖南	417 478	240 463	60 508	114 604	910
广东	312 081	232 031	3 812	66 893	1 454
广西	134 944	59 247		68 276	5 498
海南	29 386	20 296	199	8 700	33
重庆	82 204	52 288		28 496	1 420
四川	188 395	95 725	4 750	70 470	17 305
贵州	35 177	5 918	99	23 877	2 805
云南	93 493	22 937	8 937	59 871	1 229
西藏	4	4			
陕西	42 900	10 211	6 420	24 490	1 519
甘肃	6 500	1 394	25	4 985	4
青海	17 400	139	4 233	13 028	
宁夏	35 097	15 053	17 540	2 030	474
新疆	132 431	21 449	48 534	51 510	3 574

各地区淡水养殖面积(按水域和养殖方式分)(二)

单位:公顷

地　区	按水域(续)		养殖方式中		
	5.其他	6.稻田	1.围栏(米²)	2.网箱(米²)	3.工厂化(米³)
全国总计	**121 543**	**1 682 689**	**1 138 294 251**	**69 810 644**	**39 899 956**
北　京	59				354 566
天　津	183	2 784			155 235
河　北	324	1 483	2 240 000	4 099 120	1 203 665
山　西		267	9 900	62 754	
内蒙古		4 504	60 565 000	10 266	20 000
辽　宁	52 593	51 773	442 144	669 769	164 862
吉　林	5	25 278	217 272	62 300	36 300
黑龙江	6 636	33 345	1 420 000	103 000	1 200
上　海		62			27 380
江　苏	12 810	131 802	40 460 400	6 603 389	2 466 822
浙　江	4 981	73 134	4 425 643	1 028 665	7 965 102
安　徽	9 632	84 769	705 416 571	16 876 071	860 140
福　建	1 896	15 335	87 232	784 602	11 879 730
江　西	3 361	50 397	135 257 469	7 206 324	1 940 031
山　东	2 884	2 020	39 548 468	7 601 615	2 351 173
河　南	7	15 820	77 648 060	673 931	173 634
湖　北	4 349	334 890			2 688 000
湖　南	993	221 524		2 561 123	349 121
广　东	7 891	3 293	875 138	196 095	38 327
广　西	1 923	47 670	36 643 936	11 405 847	1 200
海　南	158		2 283	26 800	15 000
重　庆		33 719	13 721 500	10 000	35 490
四　川	145	309 643		601 510	639 400
贵　州	2 478	121 055	887 875	3 484 388	91 095
云　南	519	112 349	3 399 470	3 230 517	1 769 832
西　藏					144
陕　西	260	3 155	15 025 890	2 104 560	4 402 650
甘　肃	92	3		56 309	64 359
青　海				326 545	
宁　夏		1 757			
新　疆	7 364	858		25 144	205 498

3-2 水产苗种

全国水产苗种数量

指　　标	计量单位	2017 年	2016 年	2017 年比 2016 年增减(±)	
				绝对量	幅度(%)
淡水鱼苗产量	**亿尾**	**13 189**	**13 005**	**184**	**1.42**
其中:罗非鱼	亿尾	222	241	-19	-7.77
淡水鱼种产量	吨	3 697 172	3 950 487	-253 315	-6.41
投放鱼种产量	吨	4 187 797	4 375 591	-187 794	-4.29
河蟹育苗量	千克	843 890	850 938	-7 048	-0.83
扣蟹	千克	58 328 556	53 510 765	4 817 791	9.00
稚鳖数量	万只	60 757	63 298	-2 541	-4.01
稚龟数量	万只	12 518	11 967	551	4.60
鳗苗捕捞量	千克	17 130	15 557	1 573	10.11
海水鱼苗产量	**万尾**	**1 292 903**	**893 711**	**399 192**	**44.67**
其中:大黄鱼	万尾	391 472	377 914	13 558	3.59
鲆鱼	万尾	38 743	52 364	-13 621	-26.01
虾类育苗量	亿尾	12 518	10 752	1 766	16.42
其中:南美白对虾	亿尾	9 552	8 028	1 523	18.97
贝类育苗量	万粒	248 406 382	238 849 481	9 556 902	4.00
其中:鲍鱼育苗量	万粒	741 643	713 935	27 708	3.88
海带育苗量	亿株	484	476	8	1.76
紫菜育苗量	亿贝壳	13	12		2.49
海参	亿头	528	631	-103	-16.33

各地区水产苗种数量(一)

地　　区	淡水鱼苗（亿尾）	其中:罗非鱼（亿尾）	淡水鱼种（吨）	投放鱼种（吨）	河蟹育苗（千克）	扣蟹（千克）
全国总计	**13 189.37**	**222.37**	**3 697 172**	**4 187 797**	**843 890**	**58 328 556**
北　　京	15.91		6 549	6 133		
天　　津	54.00		16 843	30 102	1 630	152 000
河　　北	49.30	0.27	23 936	32 383	400	75 105
山　　西	2.95	0.13	3 982	6 764		
内 蒙 古	3.25		9 622	14 356		
辽　　宁	121.00	3.00	103 940	103 010	70 000	18 511 050
吉　　林	12.76		12 542	18 803		72 139
黑 龙 江	13.00		46 366	54 418		
上　　海	14.14		9 592	20 410		6 461 000
江　　苏	631.90	0.11	309 695	452 094	761 230	8 983 243
浙　　江	170.93	1.02	45 685	82 512	20	40 226
安　　徽	450.51	0.62	308 945	385 951		14 002 171
福　　建	33.56	8.74	17 427	39 519		
江　　西	378.99	2.31	299 486	427 765		307 748
山　　东	114.88	0.89	101 023	148 767	5 960	82 023
河　　南	68.00		102 295	113 473		92 393
湖　　北	1 165.17		1 113 338	1 074 731		9 160 648
湖　　南	284.94		313 486	275 107		
广　　东	8 484.87	104.52	321 853	175 361		
广　　西	443.63	19.71	123 381	141 856		13
海　　南	72.07	65.72	2 787	6 231		
重　　庆	85.10	1.55	85 653	101 919		
四　　川	265.49	0.66	174 179	243 666		
贵　　州	75.05	0.05	15 629	30 608		70 608
云　　南	107.32	12.47	64 925	135 631		46 269
西　　藏	0.02		2	2		
陕　　西	19.54	0.32	14 020	13 560		18 000
甘　　肃	0.74	0.01	2 355	2 566		3 345
青　　海	0.05			50		4 000
宁　　夏	10.81		33 601	35 588		
新　　疆	39.49	0.27	14 035	14 461	4 650	246 575

各地区水产苗种数量(二)

地　区	稚鳖（万只）	稚龟（万只）	鳗苗捕捞（千克）	海水鱼苗（万尾）	其中	
					大黄鱼(万尾)	鲆鱼(万尾)
全国总计	**60 757.08**	**12 518.17**	**17 130**	**1 292 902.94**	**391 472.10**	**38 742.70**
北　京	10.50	5.00				
天　津	108.00			2 050.00		1 290.00
河　北	1 276.50			3 891.00		2 152.00
山　西	200.00					
内蒙古						
辽　宁	2.00			3 086.00		2 820.00
吉　林						
黑龙江						
上　海	5.00	36.00	266			
江　苏	4 065.00	925.00	6 585	11 485.00	100.00	77.00
浙　江	11 874.00	679.00	2 835	23 052.00	15 575.00	
安　徽	5 529.19	893.11				
福　建	131.00	382.00	6 644	783 982.00	375 579.00	620.00
江　西	10 140.22	4 814.68				
山　东	2 186.00			82 887.00		31 442.00
河　南	1 745.00	13.00				
湖　北	7 072.00	2 653.00				
湖　南	2 651.60	1 005.13				
广　东	6 791.00	564.00	800	361 575.00	186.50	341.70
广　西	6 136.92	539.39		37.94	31.60	
海　南				20 857.00		
重　庆	66.80	1.10				
四　川	300.31	6.56				
贵　州	3.55	1.20				
云　南	0.08					
西　藏						
陕　西	462.00					
甘　肃	0.26					
青　海						
宁　夏						
新　疆	0.15					

各地区水产苗种数量(三)

地　区	虾类育苗(亿尾)	其中:南美白对虾(亿尾)	贝类育苗(万粒)	其中:鲍鱼(万粒)	海带(亿株)	紫菜(亿贝壳)	海参(亿头)
全国总计	**12 517.99**	**9 551.81**	**248 406 382**	**741 643**	**484.46**	**12.76**	**528.09**
北　京							
天　津	247.20	233.70	5 000				
河　北	336.45	313.60	924 000				7.83
山　西							
内蒙古							
辽　宁	173.00	106.00	7 291 528	13 628	6.00		209.00
吉　林							
黑龙江							
上　海							
江　苏	249.26	224.47				4.67	
浙　江	397.00	10.31	13 836 475			2.16	
安　徽	92.50		83 882				
福　建	2 529.68	2 030.94	157 859 679	598 678	285.46	5.88	0.20
江　西	7.69		13 015				
山　东	1 800.00	1 258.00	68 021 516	13 963	93.00		310.97
河　南	1.72						
湖　北	405.30		94				
湖　南							
广　东	4 100.00	3 200.00	255 032	115 054	100.00	0.05	0.09
广　西	199.46	197.80	30 250	240			
海　南	776.85	776.85	85 912	80			
重　庆	1.30						
四　川	0.09						
贵　州							
云　南	0.35	0.01					
西　藏							
陕　西							
甘　肃	0.11	0.10					
青　海							
宁　夏							
新　疆	1 200.03	1 200.03					

3-3 年末渔船拥有量

全国渔船年末拥有量(一)

指标		2017 年			2016 年			2017 年比 2016 年增减(±)		
		艘	总吨	千瓦	艘	总吨	千瓦	艘	总吨	千瓦
渔船合计		**946 160**	**10 823 609**	**21 089 027**	**1 011 071**	**10 984 782**	**22 368 100**	**-64 911**	**-161 173**	**-1 279 073**
机动渔船合计		599 331	10 386 349	21 089 027	654 154	10 540 576	22 368 100	-54 823	-154 227	-1 279 073
1.生产渔船		575 317	9 272 333	18 795 639	627 067	9 472 956	20 207 647	-51 750	-200 623	-1 412 008
(1)捕捞渔船		391 389	8 541 931	16 696 031	426 008	8 685 271	17 894 941	-34 619	-143 340	-1 198 910
441 千瓦(含)以上		2 689	1 333 504	2 272 791	2 554	1 229 588	2 152 306	135	103 916	120 485
44.1(含)~441 千瓦		57 527	5 742 298	9 977 402	63 474	5 872 383	10 548 126	-5 947	-130 085	-570 724
44.1 千瓦以下		331 173	1 466 129	4 445 838	359 980	1 583 300	5 194 509	-28 807	-117 171	-748 671
(2)养殖渔船		183 928	730 402	2 099 608	201 059	787 685	2 312 706	-17 131	-57 283	-213 098
2.辅助渔船		24 014	1 114 016	2 293 388	27 087	1 067 620	2 160 453	-3 073	46 396	132 935
(1)捕捞辅助船		20 345	960 822	1 621 650	23 604	929 301	1 542 247	-3 259	31 521	79 403
(2)渔业执法船		2 581	84 236	593 535	2 497	81 213	541 661	84	3 023	51 874
机动渔船按船长分	24 米(含)以上	36 224	6 521 773	10 550 923	36 655	6 297 214	10 443 307	-431	224 559	107 616
	12(含)~24 米	78 642	2 141 587	4 594 103	84 315	2 314 263	4 997 827	-5 673	-172 676	-403 724
	12 米以下	484 149	1 721 604	5 934 581	532 985	1 909 995	6 942 570	-48 836	-188 391	-1 007 989
非机动渔船合计		346 829	437 260		356 917	444 206		-10 088	-6 946	

全国渔船年末拥有量（二）

指标		总数			海洋渔船			内陆渔船		
		艘	总吨	千瓦	艘	总吨	千瓦	艘	总吨	千瓦
渔船合计		**946 160**	**10 823 609**	**21 089 027**	**250 234**	**8 996 883**	**16 806 553**	**695 926**	**1 826 726**	**4 282 474**
机动渔船合计		599 331	10 386 349	21 089 027	244 712	8 986 677	16 806 553	354 619	1 399 672	4 282 474
1.生产渔船		575 317	9 272 333	18 795 639	232 048	7 944 552	14 803 573	343 269	1 327 781	3 992 066
（1）捕捞渔船		391 389	8 541 931	16 696 031	166 349	7 649 188	13 782 628	225 040	892 743	2 913 403
441 千瓦（含）以上		2 689	1 333 504	2 272 791	2 595	1 333 258	2 272 491	94	246	300
44.1（含）~441 千瓦		57 527	5 742 298	9 977 402	54 256	5 637 302	9 731 899	3 271	104 996	245 503
44.1 千瓦以下		331 173	1 466 129	4 445 838	109 498	678 628	1 778 238	221 675	787 501	2 667 600
（2）养殖渔船		183 928	730 402	2 099 608	65 699	295 364	1 020 945	118 229	435 038	1 078 663
2.辅助渔船		24 014	1 114 016	2 293 388	12 664	1 042 125	2 002 980	11 350	71 891	290 408
（1）捕捞辅助船		20 345	960 822	1 621 650	11 386	913 401	1 531 689	8 959	47 421	89 961
（2）渔业执法船		2 581	84 236	593 535	562	58 703	396 532	2 019	25 533	197 003
机动渔船按船长分	24 米（含）以上	36 224	6 521 773	10 550 923	35 608	6 491 053	10 504 603	616	30 720	46 320
	12（含）~24 米	78 642	2 141 587	4 594 103	44 335	1 732 249	3 864 363	34 307	409 338	729 740
	12 米以下	484 149	1 721 604	5 934 581	164 769	763 375	2 437 587	319 380	958 229	3 496 994
非机动渔船合计		346 829	437 260		5 522	10 206		341 307	427 054	

各地区机动渔船年末拥有量

地　区	2017 年			2016 年			2017 年比 2016 年增减(±)		
	艘	总吨	千瓦	艘	总吨	千瓦	艘	总吨	千瓦
全国总计	**599 331**	**10 386 349**	**21 089 027**	**654 154**	**10 540 576**	**22 368 100**	**−54 823**	**−154 227**	**−1 279 073**
北　京	34	10 252	14 621	30	10 244	14 166	4	8	455
天　津	3 122	38 309	93 440	3 411	38 789	99 877	−289	−480	−6 437
河　北	8 155	241 771	498 810	11 471	260 948	562 939	−3 316	−19 177	−64 129
山　西	194	338	2 765	236	429	3 221	−42	−91	−456
内蒙古	1 266	2 206	18 006	1 296	2 178	17 948	−30	28	58
辽　宁	34 136	739 946	1 527 946	37 000	779 302	1 571 980	−2 864	−39 356	−44 034
吉　林	4 619	7 201	82 973	4 445	6 933	80 837	174	268	2 136
黑龙江	11 664	21 544	119 636	11 924	16 510	113 881	−260	5 034	5 755
上　海	871	112 949	171 918	941	116 987	178 393	−70	−4 038	−6 475
江　苏	111 458	1 000 367	2 135 273	120 611	997 930	2 215 529	−9 153	2 437	−80 256
浙　江	34 043	3 002 425	4 508 048	39 710	3 034 077	4 668 378	−5 667	−31 652	−160 330
安　徽	23 278	197 806	356 567	27 258	247 620	415 622	−3 980	−49 814	−59 055
福　建	54 758	1 249 477	2 710 948	58 073	1 213 986	2 760 306	−3 315	35 491	−49 358
江　西	31 353	151 811	429 675	31 904	153 496	441 148	−551	−1 685	−11 473
山　东	65 894	1 223 532	2 531 593	69 782	1 242 363	2 591 289	−3 888	−18 831	−59 696
河　南	4 175	15 997	69 474	4 215	16 011	69 624	−40	−14	−150
湖　北	43 371	83 452	353 802	50 661	115 188	421 978	−7 290	−31 736	−68 176
湖　南	34 968	79 231	318 757	45 759	110 392	846 183	−10 791	−31 161	−527 426
广　东	58 232	1 021 245	2 328 333	60 593	973 149	2 442 331	−2 361	48 096	−113 998
广　西	25 028	485 506	881 529	25 436	475 401	885 087	−408	10 105	−3 558
海　南	25 026	505 002	1 389 831	25 998	531 571	1 418 151	−972	−26 569	−28 320
重　庆	5 498	16 334	69 014	5 540	16 087	68 966	−42	247	48
四　川	8 192	8 754	65 578	7 499	9 743	69 929	693	−989	−4 351
贵　州	4 903	7 802	75 554	5 280	8 314	78 596	−377	−512	−3 042
云　南	1 555	5 716	29 353	1 545	5 342	25 614	10	374	3 739
西　藏									
陕　西	814	3 732	11 836	911	4 987	15 077	−97	−1 255	−3 241
甘　肃	39	112	2 019	39	112	2 019			
青　海	1 127	1 198	13 789	1 127	1 198	13 789			
宁　夏	31	131	1 914	29	125	1 888	2	6	26
新　疆	1 206	4 244	21 050	1 104	3 569	17 937	102	675	3 113
中农发集团	321	147 959	254 975	326	147 595	255 417	−5	364	−442

各地区机动渔船年末拥有量(按船长分)

地 区	24米(含)以上			12(含)~24米			12米以下		
	艘	总吨	千瓦	艘	总吨	千瓦	艘	总吨	千瓦
全国总计	**36 224**	**6 521 773**	**10 550 923**	**78 642**	**2 141 587**	**4 594 103**	**484 149**	**1 721 604**	**5 934 581**
北 京	14	10 146	12 867	8	87	1 040	12	19	714
天 津	76	21 064	31 982	354	12 857	31 126	2 692	4 388	30 332
河 北	1 021	122 604	180 760	2 734	83 847	207 189	4 400	35 320	110 861
山 西				9	22	201	185	316	2 564
内蒙古				19	521	1 464	1 247	1 685	16 542
辽 宁	2 590	335 797	677 933	8 610	309 878	566 696	22 936	94 271	283 317
吉 林	7	640	1 669	473	1 532	10 369	4 139	5 029	70 935
黑龙江	19	1 605	7 207	151	973	6 542	11 494	18 966	105 887
上 海	290	103 722	148 059	285	8 620	19 802	296	607	4 057
江 苏	3 271	321 181	568 854	15 532	256 214	448 260	92 655	422 972	1 118 159
浙 江	13 171	2 878 237	4 132 537	2 183	64 041	153 420	18 689	60 147	222 091
安 徽	179	11 269	4 303	3 786	109 607	136 636	19 313	76 930	215 628
福 建	4 604	896 648	1 640 868	5 670	206 243	532 174	44 484	146 586	537 906
江 西	8	418	1 561	7 871	68 381	162 624	23 454	82 972	265 393
山 东	5 546	843 578	1 403 738	6 314	170 068	422 414	54 034	209 886	705 441
河 南	9	540	1 323	180	1 706	5 566	3 986	13 751	62 585
湖 北	4	283	1 718	3 181	13 149	35 218	40 186	69 241	314 978
湖 南	78	1 058	412	3 456	20 838	36 935	31 434	57 335	281 410
广 东	3 179	490 189	930 554	10 175	373 642	863 926	44 878	157 414	533 853
广 西	857	173 109	237 530	1 809	212 153	304 470	22 362	100 244	339 529
海 南	977	162 325	312 928	4 178	216 010	606 858	19 871	126 667	470 045
重 庆	1	86	308	736	3 672	14 724	4 761	12 576	53 982
四 川	1	100	516	94	662	2 898	8 097	7 992	62 164
贵 州	7	108	824	475	1 560	8 278	4 125	5 568	59 017
云 南	3	163	996	146	1 614	3 991	1 406	3 939	24 366
西 藏									
陕 西	5	320	168	45	1 445	1 760	764	1 967	9 908
甘 肃				3	15	309	36	97	1 710
青 海							1 127	1 198	13 789
宁 夏							31	131	1 914
新 疆	2	108	400	149	746	5 146	1 055	3 390	15 504
中农发集团	305	146 475	250 908	16	1 484	4 067			

各地区机动渔船年末拥有量(生产渔船)

地　区	生产渔船			捕捞渔船			养殖渔船		
	艘	总吨	千瓦	艘	总吨	千瓦	艘	总吨	千瓦
全国总计	**575 317**	**9 272 333**	**18 795 639**	**391 389**	**8 541 931**	**16 696 031**	**183 928**	**730 402**	**2 099 608**
北　京	14	10 146	12 867	14	10 146	12 867			
天　津	3 050	36 007	84 641	2 546	35 516	80 782	504	491	3 859
河　北	7 352	210 722	423 298	5 315	186 861	323 286	2 037	23 861	100 012
山　西	185	290	1 893	123	117	880	62	173	1 013
内蒙古	1 210	1 745	12 816	1 044	1 511	10 810	166	234	2 006
辽　宁	33 289	676 574	1 345 047	20 474	609 531	1 163 681	12 815	67 043	181 366
吉　林	4 528	6 056	76 419	2 809	3 439	43 945	1 719	2 617	32 474
黑龙江	11 542	19 075	104 860	7 909	14 508	72 986	3 633	4 567	31 874
上　海	809	99 490	140 261	809	99 490	140 261			
江　苏	104 075	944 270	1 988 239	52 693	650 200	1 402 496	51 382	294 070	585 743
浙　江	31 418	2 417 963	3 625 284	23 804	2 394 422	3 541 595	7 614	23 541	83 689
安　徽	22 559	186 516	334 641	19 465	139 160	299 534	3 094	47 356	35 107
福　建	52 110	1 094 902	2 405 905	29 286	1 034 666	2 162 205	22 824	60 236	243 700
江　西	31 188	150 382	415 824	23 810	124 432	342 646	7 378	25 950	73 178
山　东	65 256	1 144 651	2 382 487	47 941	1 076 554	2 101 316	17 315	68 097	281 171
河　南	4 091	15 379	63 059	1 950	4 770	32 639	2 141	10 609	30 420
湖　北	42 797	80 677	333 514	19 520	39 393	157 338	23 277	41 284	176 176
湖　南	34 782	77 796	303 532	16 720	53 053	201 069	18 062	24 743	102 463
广　东	53 662	939 343	2 056 437	48 774	917 536	1 992 923	4 888	21 807	63 514
广　西	24 012	476 257	835 789	23 104	474 204	820 271	908	2 053	15 518
海　南	24 828	492 871	1 354 447	24 664	491 419	1 348 188	164	1 452	6 259
重　庆	5 111	14 867	59 025	5 009	14 522	58 025	102	345	1 000
四　川	7 830	7 950	56 038	7 011	6 212	48 202	819	1 738	7 836
贵　州	4 777	6 907	65 549	3 381	4 417	44 265	1 396	2 490	21 284
云　南	1 428	5 130	18 748	967	2 899	12 834	461	2 231	5 914
西　藏									
陕　西	784	3 544	9 718	48	977	1 838	736	2 567	7 880
甘　肃	20	20	230				20	20	230
青　海	1 112	982	11 660	1 008	765	8 878	104	217	2 782
宁　夏	9	13	154				9	13	154
新　疆	1 168	3 849	18 282	870	3 252	15 296	298	597	2 986
中农发集团	321	147 959	254 975	321	147 959	254 975			

各地区海洋机动渔船年末拥有量

地　区	2017 年			2016 年			2017 年比 2016 年增减(±)		
	艘	总吨	千瓦	艘	总吨	千瓦	艘	总吨	千瓦
全国总计	**244 712**	**8 986 677**	**16 806 553**	**261 158**	**8 952 016**	**17 220 225**	**−16 446**	**34 661**	**−413 672**
北　京	14	10 146	12 867	14	10 146	12 610			257
天　津	647	35 566	67 584	649	36 247	70 174	−2	−681	−2 590
河　北	6 698	238 407	466 478	7 844	252 683	509 698	−1 146	−14 276	−43 220
辽　宁	31 893	733 242	1 501 057	34 844	772 653	1 545 834	−2 951	−39 411	−44 777
上　海	400	108 402	158 397	447	112 290	164 472	−47	−3 888	−6 075
江　苏	8 544	410 485	819 009	8 742	370 207	778 995	−198	40 278	40 014
浙　江	25 537	2 976 624	4 405 645	27 116	2 996 334	4 531 826	−1 579	−19 710	−126 181
福　建	51 375	1 245 075	2 687 259	54 654	1 209 730	2 736 779	−3 279	35 345	−49 520
山　东	38 410	1 121 795	2 157 445	42 120	1 121 455	2 237 168	−3 710	340	−79 723
广　东	46 394	987 984	2 220 799	48 780	935 875	2 293 955	−2 386	52 109	−73 156
广　西	9 486	466 106	665 446	9 658	455 380	665 611	−172	10 726	−165
海　南	24 993	504 886	1 389 592	25 964	531 421	1 417 686	−971	−26 535	−28 094
中农发集团	321	147 959	254 975	326	147 595	255 417	−5	364	−442

各地区海洋机动渔船年末拥有量(按船长分)

地　区	24 米(含)以上			12(含)~24 米			12 米以下		
	艘	总吨	千瓦	艘	总吨	千瓦	艘	总吨	千瓦
全国总计	**35 608**	**6 491 053**	**10 504 603**	**44 335**	**1 732 249**	**3 864 363**	**164 769**	**763 375**	**2 437 587**
北　京	14	10 146	12 867						
天　津	76	21 064	31 982	354	12 857	31 126	217	1 645	4 476
河　北	1 020	122 523	180 290	2 724	83 783	206 698	2 954	32 101	79 490
辽　宁	2 584	334 843	676 487	8 554	309 133	562 333	20 755	89 266	262 237
上　海	281	103 193	146 446	110	5 161	11 758	9	48	193
江　苏	3 003	309 387	549 681	3 200	82 454	196 902	2 341	18 644	72 426
浙　江	13 166	2 877 645	4 131 292	1 995	61 619	145 858	10 376	37 360	128 495
福　建	4 604	896 623	1 640 868	5 629	205 972	531 381	41 142	142 480	515 010
山　东	5 546	843 578	1 403 738	6 134	169 848	420 941	26 730	108 369	332 766
广　东	3 179	490 189	930 554	9 808	372 603	847 726	33 407	125 192	442 519
广　西	853	173 062	236 562	1 633	211 325	298 715	7 000	81 719	130 169
海　南	977	162 325	312 928	4 178	216 010	606 858	19 838	126 551	469 806
中农发集团	305	146 475	250 908	16	1 484	4 067			

各地区海洋机动渔船年末拥有量(生产渔船)

地区	生产渔船			捕捞渔船			养殖渔船		
	艘	总吨	千瓦	艘	总吨	千瓦	艘	总吨	千瓦
全国总计	**232 048**	**7 944 552**	**14 803 573**	**166 349**	**7 649 188**	**13 782 628**	**65 699**	**295 364**	**1 020 945**
北　京	14	10 146	12 867	14	10 146	12 867			
天　津	594	33 335	59 458	484	33 175	58 078	110	160	1 380
河　北	5 930	207 691	393 879	4 113	184 518	297 334	1 817	23 173	96 545
辽　宁	31 113	670 879	1 325 376	18 552	604 895	1 148 054	12 561	65 984	177 322
上　海	372	95 660	131 171	372	95 660	131 171			
江　苏	8 313	389 320	753 784	6 648	346 920	647 453	1 665	42 400	106 331
浙　江	23 199	2 394 194	3 536 755	17 633	2 379 024	3 475 777	5 566	15 170	60 978
福　建	48 750	1 090 721	2 383 784	26 238	1 031 051	2 143 544	22 512	59 670	240 240
山　东	37 996	1 044 229	2 015 080	21 352	977 418	1 747 680	16 644	66 811	267 400
广　东	42 067	909 959	1 952 953	37 460	889 846	1 889 573	4 607	20 113	63 380
广　西	8 583	457 698	629 277	8 530	457 267	628 167	53	431	1 110
海　南	24 796	492 761	1 354 214	24 632	491 309	1 347 955	164	1 452	6 259
中农发集团	321	147 959	254 975	321	147 959	254 975			

各地区内陆机动渔船年末拥有量

地　　区	2017年			2016年			2017年比2016年增减(±)		
	艘	总吨	千瓦	艘	总吨	千瓦	艘	总吨	千瓦
全国总计	**354 619**	**1 399 672**	**4 282 474**	**392 996**	**1 588 560**	**5 147 875**	**-38 377**	**-188 888**	**-865 401**
北　京	20	106	1 754	16	98	1 556	4	8	198
天　津	2 475	2 743	25 856	2 762	2 542	29 703	-287	201	-3 847
河　北	1 457	3 364	32 332	3 627	8 265	53 241	-2 170	-4 901	-20 909
山　西	194	338	2 765	236	429	3 221	-42	-91	-456
内蒙古	1 266	2 206	18 006	1 296	2 178	17 948	-30	28	58
辽　宁	2 243	6 704	26 889	2 156	6 649	26 146	87	55	743
吉　林	4 619	7 201	82 973	4 445	6 933	80 837	174	268	2 136
黑龙江	11 664	21 544	119 636	11 924	16 510	113 881	-260	5 034	5 755
上　海	471	4 547	13 521	494	4 697	13 921	-23	-150	-400
江　苏	102 914	589 882	1 316 264	111 869	627 723	1 436 534	-8 955	-37 841	-120 270
浙　江	8 506	25 801	102 403	12 594	37 743	136 552	-4 088	-11 942	-34 149
安　徽	23 278	197 806	356 567	27 258	247 620	415 622	-3 980	-49 814	-59 055
福　建	3 383	4 402	23 689	3 419	4 256	23 527	-36	146	162
江　西	31 353	151 811	429 675	31 904	153 496	441 148	-551	-1 685	-11 473
山　东	27 484	101 737	374 148	27 662	120 908	354 121	-178	-19 171	20 027
河　南	4 175	15 997	69 474	4 215	16 011	69 624	-40	-14	-150
湖　北	43 371	83 452	353 802	50 661	115 188	421 978	-7 290	-31 736	-68 176
湖　南	34 968	79 231	318 757	45 759	110 392	846 183	-10 791	-31 161	-527 426
广　东	11 838	33 261	107 534	11 813	37 274	148 376	25	-4 013	-40 842
广　西	15 542	19 400	216 083	15 778	20 021	219 476	-236	-621	-3 393
海　南	33	116	239	34	150	465	-1	-34	-226
重　庆	5 498	16 334	69 014	5 540	16 087	68 966	-42	247	48
四　川	8 192	8 754	65 578	7 499	9 743	69 929	693	-989	-4 351
贵　州	4 903	7 802	75 554	5 280	8 314	78 596	-377	-512	-3 042
云　南	1 555	5 716	29 353	1 545	5 342	25 614	10	374	3 739
西　藏									
陕　西	814	3 732	11 836	911	4 987	15 077	-97	-1 255	-3 241
甘　肃	39	112	2 019	39	112	2 019			
青　海	1 127	1 198	13 789	1 127	1 198	13 789			
宁　夏	31	131	1 914	29	125	1 888	2	6	26
新　疆	1 206	4 244	21 050	1 104	3 569	17 937	102	675	3 113

各地区内陆机动渔船年末拥有量(按船长分)

地区	24米(含)以上			12(含)~24米			12米以下		
	艘	总吨	千瓦	艘	总吨	千瓦	艘	总吨	千瓦
全国总计	**616**	**30 720**	**46 320**	**34 307**	**409 338**	**729 740**	**319 380**	**958 229**	**3 496 994**
北　京				8	87	1 040	12	19	714
天　津							2 475	2 743	25 856
河　北	1	81	470	10	64	491	1 446	3 219	31 371
山　西				9	22	201	185	316	2 564
内蒙古				19	521	1 464	1 247	1 685	16 542
辽　宁	6	954	1 446	56	745	4 363	2 181	5 005	21 080
吉　林	7	640	1 669	473	1 532	10 369	4 139	5 029	70 935
黑龙江	19	1 605	7 207	151	973	6 542	11 494	18 966	105 887
上　海	9	529	1 613	175	3 459	8 044	287	559	3 864
江　苏	268	11 794	19 173	12 332	173 760	251 358	90 314	404 328	1 045 733
浙　江	5	592	1 245	188	2 422	7 562	8 313	22 787	93 596
安　徽	179	11 269	4 303	3 786	109 607	136 636	19 313	76 930	215 628
福　建		25		41	271	793	3 342	4 106	22 896
江　西	8	418	1 561	7 871	68 381	162 624	23 454	82 972	265 393
山　东				180	220	1 473	27 304	101 517	372 675
河　南	9	540	1 323	180	1 706	5 566	3 986	13 751	62 585
湖　北	4	283	1 718	3 181	13 149	35 218	40 186	69 241	314 978
湖　南	78	1 058	412	3 456	20 838	36 935	31 434	57 335	281 410
广　东				367	1 039	16 200	11 471	32 222	91 334
广　西	4	47	968	176	828	5 755	15 362	18 525	209 360
海　南							33	116	239
重　庆	1	86	308	736	3 672	14 724	4 761	12 576	53 982
四　川	1	100	516	94	662	2 898	8 097	7 992	62 164
贵　州	7	108	824	475	1 560	8 278	4 125	5 568	59 017
云　南	3	163	996	146	1 614	3 991	1 406	3 939	24 366
西　藏									
陕　西	5	320	168	45	1 445	1 760	764	1 967	9 908
甘　肃				3	15	309	36	97	1 710
青　海							1 127	1 198	13 789
宁　夏							31	131	1 914
新　疆	2	108	400	149	746	5 146	1 055	3 390	15 504

各地区内陆机动渔船年末拥有量（生产渔船）

地区	生产渔船			捕捞渔船			养殖渔船		
	艘	总吨	千瓦	艘	总吨	千瓦	艘	总吨	千瓦
全国总计	**343 269**	**1 327 781**	**3 992 066**	**225 040**	**892 743**	**2 913 403**	**118 229**	**435 038**	**1 078 663**
北　京									
天　津	2 456	2 672	25 183	2 062	2 341	22 704	394	331	2 479
河　北	1 422	3 031	29 419	1 202	2 343	25 952	220	688	3 467
山　西	185	290	1 893	123	117	880	62	173	1 013
内蒙古	1 210	1 745	12 816	1 044	1 511	10 810	166	234	2 006
辽　宁	2 176	5 695	19 671	1 922	4 636	15 627	254	1 059	4 044
吉　林	4 528	6 056	76 419	2 809	3 439	43 945	1 719	2 617	32 474
黑龙江	11 542	19 075	104 860	7 909	14 508	72 986	3 633	4 567	31 874
上　海	437	3 830	9 090	437	3 830	9 090			
江　苏	95 762	554 950	1 234 455	46 045	303 280	755 043	49 717	251 670	479 412
浙　江	8 219	23 769	88 529	6 171	15 398	65 818	2 048	8 371	22 711
安　徽	22 559	186 516	334 641	19 465	139 160	299 534	3 094	47 356	35 107
福　建	3 360	4 181	22 121	3 048	3 615	18 661	312	566	3 460
江　西	31 188	150 382	415 824	23 810	124 432	342 646	7 378	25 950	73 178
山　东	27 260	100 422	367 407	26 589	99 136	353 636	671	1 286	13 771
河　南	4 091	15 379	63 059	1 950	4 770	32 639	2 141	10 609	30 420
湖　北	42 797	80 677	333 514	19 520	39 393	157 338	23 277	41 284	176 176
湖　南	34 782	77 796	303 532	16 720	53 053	201 069	18 062	24 743	102 463
广　东	11 595	29 384	103 484	11 314	27 690	103 350	281	1 694	134
广　西	15 429	18 559	206 512	14 574	16 937	192 104	855	1 622	14 408
海　南	32	110	233	32	110	233			
重　庆	5 111	14 867	59 025	5 009	14 522	58 025	102	345	1 000
四　川	7 830	7 950	56 038	7 011	6 212	48 202	819	1 738	7 836
贵　州	4 777	6 907	65 549	3 381	4 417	44 265	1 396	2 490	21 284
云　南	1 428	5 130	18 748	967	2 899	12 834	461	2 231	5 914
西　藏									
陕　西	784	3 544	9 718	48	977	1 838	736	2 567	7 880
甘　肃	20	20	230				20	20	230
青　海	1 112	982	11 660	1 008	765	8 878	104	217	2 782
宁　夏	9	13	154				9	13	154
新　疆	1 168	3 849	18 282	870	3 252	15 296	298	597	2 986

各地区捕捞机动渔船年末拥有量(按功率分)

地　区	44.1 千瓦以下			44.1(含)~441 千瓦			441 千瓦(含)以上		
	艘	总吨	千瓦	艘	总吨	千瓦	艘	总吨	千瓦
全国总计	**331 173**	**1 466 129**	**4 445 838**	**57 527**	**5 742 298**	**9 977 402**	**2 689**	**1 333 504**	**2 272 791**
北　京				6	788	1 480	8	9 358	11 387
天　津	2 187	4 031	25 311	350	25 394	46 726	9	6 091	8 745
河　北	3 237	23 926	59 332	2 075	162 191	262 631	3	744	1 323
山　西	123	117	880						
内蒙古	1 042	1 241	10 442	2	270	368			
辽　宁	14 759	109 457	243 708	5 501	394 440	711 598	214	105 634	208 375
吉　林	2 782	3 377	42 467	27	62	1 478			
黑龙江	7 896	14 313	71 541	13	195	1 445			
上　海	405	2 521	6 277	348	35 151	58 898	56	61 818	75 086
江　苏	47 106	294 568	717 991	5 570	350 032	676 113	17	5 600	8 392
浙　江	11 828	46 920	153 986	11 406	1 993 458	2 893 020	570	354 044	494 589
安　徽	18 148	87 089	209 851	1 317	52 071	89 683			
福　建	21 099	77 306	260 472	7 663	729 663	1 414 608	524	227 697	487 125
江　西	23 805	124 365	342 228	5	67	418			
山　东	39 935	210 299	568 095	7 721	694 911	1 207 088	285	171 344	326 133
河　南	1 917	4 671	30 999	33	99	1 640			
湖　北	19 506	39 315	154 309	14	78	3 029			
湖　南	16 720	53 053	201 069						
广　东	39 668	164 252	475 726	8 582	590 162	1 219 359	524	163 122	297 838
广　西	20 812	47 818	236 652	2 224	401 432	546 981	68	24 954	36 638
海　南	19 934	125 093	449 725	4 584	303 669	820 266	146	62 657	78 197
重　庆	5 004	14 493	57 775	5	29	250			
四　川	7 006	6 190	47 954	5	22	248			
贵　州	3 379	4 409	44 094	2	8	171			
云　南	967	2 899	12 834						
西　藏									
陕　西	45	788	1 618	3	189	220			
甘　肃									
青　海	1 008	765	8 878						
宁　夏									
新　疆	855	2 853	11 624	15	399	3 672			
中农发集团				56	7 518	16 012	265	140 441	238 963

各地区海洋捕捞机动渔船基本情况

地 区	合 计		1.国内海洋捕捞		2. 纳入双控管理渔船数		3.远洋渔船	
	艘	千瓦	艘	千瓦	艘	千瓦	艘	千瓦
全国总计	**166 349**	**13 782 628**	**163 858**	**11 230 839**	**141 321**	**11 405 506**	**2 491**	**2 551 789**
北 京	14	12 867					14	12 867
天 津	484	58 078	468	49 242	483	46 990	16	8 836
河 北	4 113	297 334	4 095	276 768	4 401	328 665	18	20 566
辽 宁	18 552	1 148 054	18 221	857 703	17 566	823 356	331	290 351
上 海	372	131 171	302	19 469	380	56 723	70	111 702
江 苏	6 648	647 453	6 595	630 917	4 513	530 539	53	16 536
浙 江	17 633	3 475 777	17 090	2 864 955	18 080	3 110 654	543	610 822
福 建	26 238	2 143 544	25 744	1 600 446	15 921	1 686 166	494	543 098
山 东	21 352	1 747 680	20 900	1 215 561	18 718	1 364 150	452	532 119
广 东	37 460	1 889 573	37 295	1 764 039	32 713	1 791 984	165	125 534
广 西	8 530	628 167	8 509	603 784	8 670	704 867	21	24 383
海 南	24 632	1 347 955	24 632	1 347 955	19 876	961 412		
中农发集团	321*	254 975	7				314	254 975

*:其中含 7 艘未作业渔船。

各地区海洋捕捞机动渔船年末拥有量(按功率分)

地 区	44.1 千瓦以下			44.1(含)~441 千瓦			441 千瓦(含)以上		
	艘	总吨	千瓦	艘	总吨	千瓦	艘	总吨	千瓦
全国总计	**109 498**	**678 628**	**1 778 238**	**54 256**	**5 637 302**	**9 731 899**	**2 595**	**1 333 258**	**2 272 491**
北 京				6	788	1 480	8	9 358	11 387
天 津	125	1 690	2 607	350	25 394	46 726	9	6 091	8 745
河 北	2 055	21 583	33 380	2 055	162 191	262 631	3	744	1 323
辽 宁	12 847	105 646	229 069	5 491	393 615	710 610	214	105 634	208 375
上 海	32	237	917	284	33 605	55 168	56	61 818	75 086
江 苏	2 615	34 231	85 956	4 016	307 089	553 105	17	5 600	8 392
浙 江	5 660	32 000	88 414	11 403	1 992 980	2 892 774	570	354 044	494 589
福 建	18 052	73 701	241 914	7 662	729 653	1 414 505	524	227 697	487 125
山 东	13 348	111 241	214 716	7 719	694 833	1 206 831	285	171 344	326 133
广 东	28 624	142 435	387 225	8 406	584 535	1 204 810	430	162 876	297 538
广 西	6 238	30 881	44 548	2 224	401 432	546 981	68	24 954	36 638
海 南	19 902	124 983	449 492	4 584	303 669	820 266	146	62 657	78 197
中农发集团				56	7 518	16 012	265	140 441	238 963

各地区海洋捕捞机动渔船年末拥有量(按作业类型分)(一)

地区	拖网			围网			刺网		
	艘	总吨	千瓦	艘	总吨	千瓦	艘	总吨	千瓦
全国总计	**31 437**	**3 559 919**	**6 255 340**	**8 049**	**803 915**	**1 297 698**	**90 375**	**1 908 711**	**3 843 325**
北　京									
天　津	27	6 431	10 237	6	3 231	2 376	422	15 103	31 886
河　北	226	39 899	65 056	7	3 759	2 368	3 879	140 845	229 894
辽　宁	3 748	262 564	477 576	509	4 166	5 697	10 503	272 345	517 808
上　海	274	69 434	90 710	8	12 039	21 024	12	1 121	2 194
江　苏	1 138	53 503	113 123	71	4 796	4 543	3 240	230 212	407 432
浙　江	6 781	1 179 117	1 837 577	471	141 229	185 242	5 514	360 141	513 024
福　建	3 539	422 513	882 558	1 426	251 233	382 322	10 910	166 868	425 197
山　东	7 099	628 068	1 139 411	177	50 763	98 681	10 121	156 310	298 402
广　东	4 770	390 417	831 901	1 299	108 421	174 239	26 238	307 239	678 327
广　西	2 013	306 462	408 600	793	83 101	104 405	5 186	60 050	103 839
海　南	1 662	129 563	261 128	3 210	109 076	265 248	14 346	198 333	634 882
中农发集团	160	71 948	137 463	72	32 101	51 553	4	144	440

各地区海洋捕捞机动渔船年末拥有量(按作业类型分)(二)

地区	张网			钓业			其他		
	艘	总吨	千瓦	艘	总吨	千瓦	艘	总吨	千瓦
全国总计	**15 274**	**394 159**	**696 218**	**9 600**	**724 096**	**1 138 703**	**11 614**	**258 388**	**551 344**
北　京	6	788	1 480	8	9 358	11 387			
天　津	12	2 010	3 914	9	6 091	8 745	8	309	920
河　北							1	15	16
辽　宁	2 032	18 447	50 591	1 036	41 314	74 544	724	6 059	21 838
上　海	67	1 281	3 915	11	11 785	13 328			
江　苏	1 868	52 645	107 959	6	290	1 044	325	5 474	13 352
浙　江	2 848	243 719	331 607	869	346 551	468 141	1 150	108 267	140 186
福　建	4 078	49 559	118 899	1 410	57 766	101 523	4 875	83 112	233 045
山　东	2 595	12 696	32 414	1 235	126 753	174 092	125	2 828	4 680
广　东	308	1 577	4 568	1 881	48 269	117 036	2 964	33 923	83 502
广　西				298	1 141	5	240	6 513	11 318
海　南	1 452	10 537	39 111	2 760	31 912	105 099	1 202	11 888	42 487
中农发集团	8	900	1 760	77	42 866	63 759			

各地区内陆捕捞机动渔船年末拥有量(按功率分)

地　区	44.1 千瓦以下			44.1(含)~441 千瓦			441 千瓦(含)以上		
	艘	总吨	千瓦	艘	总吨	千瓦	艘	总吨	千瓦
全国总计	**221 675**	**787 501**	**2 667 600**	**3 271**	**104 996**	**245 503**	**94**	**246**	**300**
北　京									
天　津	2 062	2 341	22 704						
河　北	1 182	2 343	25 952	20					
山　西	123	117	880						
内蒙古	1 042	1 241	10 442	2	270	368			
辽　宁	1 912	3 811	14 639	10	825	988			
吉　林	2 782	3 377	42 467	27	62	1 478			
黑龙江	7 896	14 313	71 541	13	195	1 445			
上　海	373	2 284	5 360	64	1 546	3 730			
江　苏	44 491	260 337	632 035	1 554	42 943	123 008			
浙　江	6 168	14 920	65 572	3	478	246			
安　徽	18 148	87 089	209 851	1 317	52 071	89 683			
福　建	3 047	3 605	18 558	1	10	103			
江　西	23 805	124 365	342 228	5	67	418			
山　东	26 587	99 058	353 379	2	78	257			
河　南	1 917	4 671	30 999	33	99	1 640			
湖　北	19 506	39 315	154 309	14	78	3 029			
湖　南	16 720	53 053	201 069						
广　东	11 044	21 817	88 501	176	5 627	14 549	94	246	300
广　西	14 574	16 937	192 104						
海　南	32	110	233						
重　庆	5 004	14 493	57 775	5	29	250			
四　川	7 006	6 190	47 954	5	22	248			
贵　州	3 379	4 409	44 094	2	8	171			
云　南	967	2 899	12 834						
西　藏									
陕　西	45	788	1 618	3	189	220			
甘　肃									
青　海	1 008	765	8 878						
宁　夏									
新　疆	855	2 853	11 624	15	399	3 672			

各地区远洋渔船年末拥有量

地　　区	2017 年		2016 年		2017 年比 2016 年增减(±)	
	艘	千瓦	艘	千瓦	艘	千瓦
全国总计	**2 491**	**2 551 789**	**2 571**	**2 404 162**	**-80**	**147 627**
北　　京	14	12 867	14	12 610		257
天　　津	16	8 836	20	11 702	-4	-2 866
河　　北	18	20 566	16	17 624	2	2 942
辽　　宁	331	290 351	381	343 170	-50	-52 819
上　　海	70	111 702	82	105 392	-12	6 310
江　　苏	53	16 536	49	15 160	4	1 376
浙　　江	543	610 822	550	501 378	-7	109 444
福　　建	494	543 098	505	502 583	-11	40 515
山　　东	452	532 119	440	513 364	12	18 755
广　　东	165	125 534	177	113 233	-12	12 301
广　　西	21	24 383	13	12 529	8	11 854
海　　南						
中农发集团	314	254 975	324	255 417	-10	-442

各地区辅助渔船年末拥有量

地　　区	合　计			其　中					
				捕捞辅助船			渔业执法船		
	艘	总吨	千瓦	艘	总吨	千瓦	艘	总吨	千瓦
全国总计	**24 014**	**1 114 016**	**2 293 388**	**20 345**	**960 822**	**1 621 650**	**2 581**	**84 236**	**593 535**
北　京	20	106	1 754				20	106	1 754
天　津	72	2 302	8 799	53	2 255	8 226	12	47	573
河　北	803	31 049	75 512	734	28 945	66 556	47	1 953	8 738
山　西	9	48	872				9	48	872
内蒙古	56	461	5 190	11	7	368	45	454	4 822
辽　宁	847	63 372	182 899	720	52 368	117 404	122	11 004	65 495
吉　林	91	1 145	6 554	21	27	128	59	1 090	6 156
黑龙江	122	2 469	14 776	4	13	139	97	2 236	13 972
上　海	62	13 459	31 657	10	1 065	1 632	52	12 394	30 025
江　苏	7 383	56 097	147 034	7 154	49 063	101 762	229	7 034	45 272
浙　江	2 625	584 462	882 764	2 333	518 666	747 876	175	13 485	103 791
安　徽	719	11 290	21 926	600	9 608	10 691	119	1 682	11 235
福　建	2 648	154 575	305 043	2 075	136 745	233 345	72	4 672	41 025
江　西	165	1 429	13 851	59	114	753	106	1 315	13 098
山　东	638	78 881	149 106	337	69 411	88 582	140	8 924	55 692
河　南	84	618	6 415				84	618	6 415
湖　北	574	2 775	20 288	373	743	2 460	201	2 032	17 828
湖　南	186	1 435	15 225				186	1 435	15 225
广　东	4 570	81 902	271 896	4 262	74 578	201 908	189	4 950	61 993
广　西	1 016	9 249	45 740	877	4 516	11 369	137	4 723	34 206
海　南	198	12 131	35 384	166	11 429	23 936	32	702	11 448
重　庆	387	1 467	9 989	333	854	2 626	54	613	7 363
四　川	362	804	9 540	176	160	1 188	84	546	7 484
贵　州	126	895	10 005	14	20	268	104	863	9 488
云　南	127	586	10 605	25	80	244	90	473	9 798
西　藏									
陕　西	30	188	2 118	3	1	20	27	170	2 098
甘　肃	19	92	1 789				19	92	1 789
青　海	15	216	2 129				15	216	2 129
宁　夏	22	118	1 760				22	118	1 760
新　疆	38	395	2 768	5	154	169	33	241	1 991

各地区海洋辅助渔船年末拥有量

地区	合计			其中					
				捕捞辅助船			渔业执法船		
	艘	总吨	千瓦	艘	总吨	千瓦	艘	总吨	千瓦
全国总计	**12 664**	**1 042 125**	**2 002 980**	**11 386**	**913 401**	**1 531 689**	**562**	**58 703**	**396 532**
北京									
天津	53	2 231	8 126	53	2 231	8 126			
河北	768	30 716	72 599	729	28 935	66 360	17	1 730	6 121
辽宁	780	62 363	175 681	683	52 020	114 372	97	10 343	61 309
上海	28	12 742	27 226	7	910	1 362	21	11 832	25 864
江苏	231	21 165	65 225	204	17 234	38 251	27	3 931	26 974
浙江	2 338	582 430	868 890	2 189	518 298	745 551	71	12 099	92 863
福建	2 625	154 354	303 475	2 072	136 728	233 317	54	4 590	39 497
山东	414	77 566	142 365	335	69 411	88 582	76	7 985	53 544
广东	4 327	78 025	267 846	4 090	71 724	201 272	123	3 936	53 579
广西	903	8 408	36 169	859	4 487	10 566	44	1 555	25 333
海南	197	12 125	35 378	165	11 423	23 930	32	702	11 448

各地区内陆辅助渔船年末拥有量

地　　区	合　计			其　中					
				捕捞辅助船			渔业执法船		
	艘	总吨	千瓦	艘	总吨	千瓦	艘	总吨	千瓦
全国总计	**11 350**	**71 891**	**290 408**	**8 959**	**47 421**	**89 961**	**2 019**	**25 533**	**197 003**
北　　京	20	106	1 754				20	106	1 754
天　　津	19	71	673		24	100	12	47	573
河　　北	35	333	2 913	5	10	196	30	223	2 617
山　　西	9	48	872				9	48	872
内 蒙 古	56	461	5 190	11	7	368	45	454	4 822
辽　　宁	67	1 009	7 218	37	348	3 032	25	661	4 186
吉　　林	91	1 145	6 554	21	27	128	59	1 090	6 156
黑 龙 江	122	2 469	14 776	4	13	139	97	2 236	13 972
上　　海	34	717	4 431	3	155	270	31	562	4 161
江　　苏	7 152	34 932	81 809	6 950	31 829	63 511	202	3 103	18 298
浙　　江	287	2 032	13 874	144	368	2 325	104	1 386	10 928
安　　徽	719	11 290	21 926	600	9 608	10 691	119	1 682	11 235
福　　建	23	221	1 568	3	17	28	18	82	1 528
江　　西	165	1 429	13 851	59	114	753	106	1 315	13 098
山　　东	224	1 315	6 741	2			64	939	2 148
河　　南	84	618	6 415				84	618	6 415
湖　　北	574	2 775	20 288	373	743	2 460	201	2 032	17 828
湖　　南	186	1 435	15 225				186	1 435	15 225
广　　东	243	3 877	4 050	172	2 854	636	66	1 014	8 414
广　　西	113	841	9 571	18	29	803	93	3 168	8 873
海　　南	1	6	6	1	6	6			
重　　庆	387	1 467	9 989	333	854	2 626	54	613	7 363
四　　川	362	804	9 540	176	160	1 188	84	546	7 484
贵　　州	126	895	10 005	14	20	268	104	863	9 488
云　　南	127	586	10 605	25	80	244	90	473	9 798
西　　藏									
陕　　西	30	188	2 118	3	1	20	27	170	2 098
甘　　肃	19	92	1 789				19	92	1 789
青　　海	15	216	2 129				15	216	2 129
宁　　夏	22	118	1 760				22	118	1 760
新　　疆	38	395	2 768	5	154	169	33	241	1 991

各地区非机动渔船年末拥有量

地区	合计		海洋渔业非机动渔船		内陆渔业非机动渔船	
	艘	总吨	艘	总吨	艘	总吨
全国总计	**346 829**	**437 260**	**5 522**	**10 206**	**341 307**	**427 054**
北京	384	384			384	384
天津	1 154	563			1 154	563
河北	3 255	2 778			3 255	2 778
山西	41	34			41	34
内蒙古	229	188			229	188
辽宁	2 385	3 071	324	347	2 061	2 724
吉林	2 606	1 581			2 606	1 581
黑龙江	2 046	1 211			2 046	1 211
上海	72	53			72	53
江苏	117 407	230 206	204	429	117 203	229 777
浙江	17 820	24 443	543	646	17 277	23 797
安徽	19 403	35 410			19 403	35 410
福建	2 164	2 149	2 044	2 054	120	95
江西	22 509	22 369			22 509	22 369
山东	32 393	16 656	10	5	32 383	16 651
河南	5 611	4 987			5 611	4 987
湖北	63 829	54 954			63 829	54 954
湖南	37 589	19 886			37 589	19 886
广东	2 832	6 905	2 311	6 559	521	346
广西	321	187			321	187
海南	86	168	86	166		2
重庆	622	575			622	575
四川	3 136	1 972			3 136	1 972
贵州	548	377			548	377
云南	7 376	5 233			7 376	5 233
西藏						
陕西	551	480			551	480
甘肃	29	29			29	29
青海	40	40			40	40
宁夏	171	257			171	257
新疆	220	114			220	114

3-4　基础设施

各地区渔业基础设施情况

单位：个

地　区	国家级水产原良种场	渔港合计	沿海中心渔港	沿海一级渔港	内陆重点渔港	国家级水产种质资源保护区	国家级水生野生动植物自然保护区
全国总计	**84**	**180**	**66**	**82**	**32**	**535**	**25**
北京	3						
天津	2						
河北	4	8	3	4	1	19	
山西	1					2	
内蒙古	1	1			1	9	
辽宁	1	10	3	6	1	7	1
吉林	1	2			2	28	1
黑龙江	1	3			3	25	
上海	1	1		1			
江苏	7	12	6	5	1	35	
浙江	6	22	9	13		5	
安徽	2	3			3	28	
福建	1	22	8	13	1	11	1
江西	4	2			2	25	
山东	14	21	11	9	1	44	
河南						18	
湖北	12	4			4	66	3
湖南	4	4			4	36	1
广东	5	19	8	11		17	5
广西	2	9	4	4	1	3	
海南	1	10	6	4		2	1
重庆	1	2			2	2	1
四川	2	3			3	30	2
贵州		1			1	24	1
云南						15	1
西藏						5	
陕西	1					19	5
甘肃	1					21	2
青海	1					13	
宁夏						5	
新疆		1			1	12	
大连	3	9	3	6			
青岛	1	6	3	3			
宁波	1	4	1	3			
厦门		1	1				
深圳							
跨省份保护区						9	

3-5 渔业人口

全国渔业人口与从业人员

指 标	计量单位	2017 年	2016 年	2017 年比 2016 年增减(±)	其中:海洋渔业		
					2017 年	2016 年	2017 年比 2016 年增减(±)
1.渔业乡	个	758	756	2	391	388	3
2.渔业村	个	8 277	8 416	-139	3 663	3 653	10
3.渔业户	户	4 860 410	4 954 752	-94 342	1 417 718	1 439 467	-21 749
4.渔业人口	人	19 318 522	19 734 145	-415 623	5 558 764	5 652 353	-93 589
其中:传统渔民	人	6 521 381	6 611 061	-89 680	2 951 161	3 008 629	-57 468
5.渔业从业人员	人	13 593 913	13 816 914	-223 001	3 776 371	3 758 761	17 610
(1)专业从业人员	人	7 450 352	7 565 869	-115 517	2 295 780	2 273 538	22 242
其中:女性	人	1 458 403	1 556 492	-98 089	338 823	355 239	-16 416
其中:捕捞	人	1 678 360	1 726 643	-48 283	990 325	1 002 122	-11 797
养殖	人	4 901 871	5 021 686	-119 815	910 333	916 408	-6 075
其他	人	870 121	817 540	52 581	395 122	355 008	40 114
(2)兼业从业人员	人	4 584 230	4 671 973	-87 743	911 033	918 835	-7 802
(3)临时从业人员	人	1 559 331	1 579 072	-19 741	569 558	566 388	3 170

各地区渔业人口与从业人员(一)

地　区	1.渔业乡（个）	2.渔业村（个）	3.渔业户（户）	4.渔业人口(人)		5.渔业从业人员(人)
				小　计	其中:传统渔民	
全国总计	**758**	**8 277**	**4 860 410**	**19 318 522**	**6 521 381**	**13 593 913**
北　京	9	35	2 618	10 055	2 199	9 721
天　津		5	13 657	46 990	14 382	32 826
河　北	38	228	62 708	270 042	154 644	217 703
山　西			1 287	5 944	69	5 661
内蒙古	4	31	8 310	44 217	6 083	31 208
辽　宁	135	663	180 967	698 243	397 958	529 930
吉　林	1	4	22 154	84 101	965	69 654
黑龙江			50 978	190 105	152 084	128 794
上　海		18	8 079	25 206	8 307	19 268
江　苏	39	428	323 610	1 347 633	435 720	1 087 225
浙　江	84	781	310 649	1 036 252	394 714	714 416
安　徽	12	183	188 796	795 059	290 080	629 296
福　建	54	600	418 274	1 709 984	892 746	935 681
江　西	20	333	323 328	1 474 608	324 751	908 863
山　东	93	1 346	458 519	1 710 704	644 636	1 450 222
河　南	25	381	139 424	533 542	25 187	432 787
湖　北	59	876	507 701	1 696 154	738 867	1 253 872
湖　南	5	293	282 644	1 267 462	173 121	925 948
广　东	99	1 045	509 365	2 277 404	994 581	1 242 203
广　西	15	207	232 214	1 029 740	320 024	815 221
海　南	28	395	81 286	414 101	212 313	246 267
重　庆		9	134 055	454 844	10 924	347 754
四　川	36	169	470 577	1 624 822	215 541	1 132 060
贵　州		1	32 851	137 377	10 698	74 652
云　南		5	67 106	305 446	80 976	251 068
西　藏		1	45	98	17	63
陕　西	2	238	20 121	81 005	14 500	55 082
甘　肃			2 042	9 515	772	8 454
青　海			106	3 750		3 504
宁　夏			2 999	14 299		15 301
新　疆		2	3 940	19 820	4 522	19 209

各地区渔业人口与从业人员(二)

单位:人

地　　区	5.渔业从业人员(续)						
	(1)专业从业人员					(2)兼业从业人员	(3)临时从业人员
	小　计	其中:女性	a.捕捞	b.养殖	c.其他		
全国总计	**7 450 352**	**1 458 403**	**1 678 360**	**4 901 871**	**870 121**	**4 584 230**	**1 559 331**
北　　京	6 272	2 002	997	4 389	886	2 639	810
天　　津	17 215	225	4 297	11 915	1 003	9 633	5 978
河　　北	106 424	20 767	40 380	49 889	16 155	45 479	65 800
山　　西	3 083	526	341	2 480	262	1 552	1 026
内 蒙 古	17 329	4 034	5 456	10 107	1 766	11 097	2 782
辽　　宁	349 953	47 176	126 878	194 669	28 406	110 609	69 368
吉　　林	18 883	2 733	3 649	13 815	1 419	44 144	6 627
黑 龙 江	85 378	25 614	19 862	56 578	8 938	36 578	6 838
上　　海	15 277	948	4 700	9 765	812	3 291	700
江　　苏	652 460	151 933	155 876	456 413	40 171	304 756	130 009
浙　　江	455 990	81 468	157 317	194 895	103 778	160 472	97 954
安　　徽	308 051	78 011	56 025	221 570	30 456	243 460	77 785
福　　建	566 948	87 798	189 866	300 474	76 608	291 088	77 645
江　　西	419 255	81 429	57 948	303 571	57 736	378 585	111 023
山　　东	741 787	139 576	208 208	354 231	179 348	359 454	348 981
河　　南	199 431	47 865	25 936	151 210	22 285	196 919	36 437
湖　　北	854 691	212 847	78 912	712 065	63 714	285 099	114 082
湖　　南	461 210	101 414	51 401	376 430	33 379	411 062	53 676
广　　东	813 935	134 878	250 698	500 009	63 228	356 964	71 304
广　　西	412 644	52 547	68 413	305 004	39 227	317 144	85 433
海　　南	197 692	30 060	107 646	63 244	26 802	40 251	8 324
重　　庆	178 093	60 890	12 037	153 230	12 826	121 776	47 885
四　　川	379 897	63 822	21 821	310 240	47 836	678 200	73 963
贵　　州	34 816	5 352	8 977	21 205	4 634	32 545	7 291
云　　南	94 433	17 235	14 998	74 941	4 494	109 801	46 834
西　　藏	35		35			23	5
陕　　西	32 164	3 520	1 250	28 658	2 256	18 568	4 350
甘　　肃	3 709	631	306	3 108	295	3 349	1 396
青　　海	2 523	227	2 124	349	50	931	50
宁　　夏	8 299	1 520	546	7 364	389	4 385	2 617
新　　疆	12 475	1 355	1 460	10 053	962	4 376	2 358

各地区海洋渔业人口与从业人员(一)

地　　区	1.渔业乡(个)	2.渔业村(个)	3.渔业户(户)	4.渔业人口(人)		5.渔业从业人员(人)
				小　计	其中:传统渔民	
全国总计	**391**	**3 663**	**1 417 718**	**5 558 764**	**2 951 161**	**3 776 371**
北　　京						
天　　津		5	2 720	7 890	4 409	3 991
河　　北	12	73	36 248	144 146	111 256	136 454
山　　西						
内 蒙 古						
辽　　宁	86	369	128 137	507 825	308 419	356 090
吉　　林						
黑 龙 江						
上　　海		4	1 735	5 241	2 489	3 985
江　　苏	11	95	40 048	234 849	94 390	169 248
浙　　江	77	600	216 283	657 013	288 182	376 128
安　　徽						
福　　建	53	578	346 436	1 395 072	803 082	746 140
江　　西						
山　　东	60	857	290 643	917 765	373 080	1 025 699
河　　南						
湖　　北						
湖　　南						
广　　东	65	632	224 735	1 062 374	694 042	507 990
广　　西	5	110	64 930	309 356	87 475	259 934
海　　南	22	340	65 803	317 233	184 337	190 712
重　　庆						
四　　川						
贵　　州						
云　　南						
西　　藏						
陕　　西						
甘　　肃						
青　　海						
宁　　夏						
新　　疆						

各地区海洋渔业人口与从业人员(二)

单位:人

地　　区	5.渔业从业人员(续)						
	(1)专业从业人员					(2)兼业从业人员	(3)临时从业人员
	小　计	其中:女性	a.捕捞	b.养殖	c.其他		
全国总计	**2 295 780**	**338 823**	**990 325**	**910 333**	**395 122**	**911 033**	**569 558**
北　　京							
天　　津	3 071	130	1 364	810	897	830	90
河　　北	66 406	2 995	27 622	26 253	12 531	13 339	56 709
山　　西							
内 蒙 古							
辽　　宁	242 483	35 354	110 623	108 507	23 353	63 645	49 962
吉　　林							
黑 龙 江							
上　　海	3 769	109	3 489		280	57	159
江　　苏	98 526	24 292	52 132	38 550	7 844	54 803	15 919
浙　　江	265 773	36 195	133 365	60 968	71 440	56 231	54 124
安　　徽							
福　　建	469 554	74 823	177 662	224 571	67 321	208 712	67 874
江　　西							
山　　东	442 377	80 649	133 955	168 398	140 024	315 571	267 751
河　　南							
湖　　北							
湖　　南							
广　　东	372 934	49 402	218 062	116 473	38 399	107 031	28 025
广　　西	175 659	13 048	37 999	127 099	10 561	61 828	22 447
海　　南	155 228	21 826	94 052	38 704	22 472	28 986	6 498
重　　庆							
四　　川							
贵　　州							
云　　南							
西　　藏							
陕　　西							
甘　　肃							
青　　海							
宁　　夏							
新　　疆							

第四部分

加工与贸易

4-1 水产品加工

全国水产加工情况

指 标	计量单位	2017 年	2016 年	2017 年比 2016 年增减(±)	
				绝对量	幅度(%)
1.水产加工企业	个	9 674	9 694	-20	-0.21
水产品加工能力	吨/年	29 262 317	28 491 124	771 193	2.71
其中:规模以上加工企业	个	2 636	2 714	-78	-2.87
2.水产冷库	座	8 237	8 595	-358	-4.17
冻结能力	吨/日	937 190	946 875	-9 685	-1.02
冷藏能力	吨/次	4 657 017	4 583 690	73 327	1.60
制冰能力	吨/日	234 129	253 993	-19 864	-7.82
3.水产加工品总量	吨	21 962 522	21 654 407	308 115	1.42
淡水加工产品	吨	4 081 875	3 903 668	178 207	4.57
海水加工产品	吨	17 880 647	17 750 739	129 908	0.73
(1)水产冷冻品	吨	14 873 451	14 049 146	824 305	5.87
其中:冷冻品	吨	7 300 544	7 033 530	267 014	3.80
冷冻加工品	吨	7 572 907	7 015 616	557 291	7.94
(2)鱼糜制品及干腌制品	吨	3 252 542	3 235 165	17 377	0.54
其中:鱼糜制品	吨	1 541 893	1 553 620	-11 727	-0.75
干腌制品	吨	1 710 649	1 681 545	29 104	1.73
(3)藻类加工品	吨	1 100 541	1 060 316	40 225	3.79
(4)罐制品	吨	419 973	451 198	-31 225	-6.92
(5)水产饲料(鱼粉)	吨	639 165	705 525	-66 360	-9.41
(6)鱼油制品	吨	67 564	69 289	-1 725	-2.49
(7)其他水产加工品	吨	1 609 286	2 083 768	-474 482	-22.77
其中:助剂和添加剂	吨	105 406	97 070	8 336	8.59
珍珠	千克	180 829	244 527	-63 698	-26.05
4.用于加工的水产品总量	吨	26 800 176	26 357 579	442 597	1.68
其中:淡水产品	吨	5 734 971	5 693 896	41 075	0.72
海水产品	吨	21 065 205	20 663 683	401 522	1.94
5.部分水产品年加工量	吨	1 657 675	1 519 032	138 643	9.13
其中:对虾	吨	520 100	512 322	7 778	1.52
克氏原螯虾	吨	309 407	192 132	117 275	61.04
罗非鱼	吨	667 549	640 317	27 232	4.25
鳗鱼	吨	118 701	117 410	1 291	1.10
斑点叉尾鮰	吨	41 918	56 851	-14 933	-26.27

各地区水产加工品总量

单位:吨

地区	2017年		2016年		2017年比2016年增减(±)			
					绝对量		幅度(%)	
	水产加工品总量	其中:淡水加工产品	水产加工品总量	其中:淡水加工产品	水产加工品总量	其中:淡水加工产品	水产加工品总量	其中:淡水加工产品
全国总计	**21 962 522**	**4 081 875**	**21 654 407**	**3 903 668**	**308 115**	**178 207**	**1.42**	**4.57**
北京	2 073	1 675	5 397	1 716	-3 324	-41	-61.59	-2.39
天津	510		1 010	500	-500	-500	-49.50	
河北	88 247	14 024	86 050	13 777	2 197	247	2.55	1.79
山西								
内蒙古	8 090	8 090	8 458	8 458	-368	-368	-4.35	-4.35
辽宁	2 448 498	36 585	2 442 743	38 532	5 755	-1 947	0.24	-5.05
吉林	237 716	1 776	220 807	1 867	16 909	-91	7.66	-4.87
黑龙江	7 625	7 625	6 175	6 175	1 450	1 450	23.48	23.48
上海	12 384	9 835	15 890	13 500	-3 506	-3 665	-22.06	-27.15
江苏	1 640 182	882 296	1 604 668	863 260	35 514	19 036	2.21	2.21
浙江	2 083 654	85 594	2 157 127	100 044	-73 473	-14 450	-3.41	-14.44
安徽	259 472	254 829	262 329	251 874	-2 857	2 955	-1.09	1.17
福建	3 677 613	165 468	3 511 620	152 804	165 993	12 664	4.73	8.29
江西	379 075	379 075	373 013	373 013	6 062	6 062	1.63	1.63
山东	6 993 534	121 058	6 983 205	110 382	10 329	10 676	0.15	9.67
河南	20 167	20 167	22 367	22 367	-2 200	-2 200	-9.84	-9.84
湖北	1 143 318	1 143 318	1 037 535	1 037 535	105 783	105 783	10.20	10.20
湖南	137 990	137 990	142 334	142 334	-4 344	-4 344	-3.05	-3.05
广东	1 526 477	377 776	1 498 846	363 484	27 631	14 292	1.84	3.93
广西	718 223	141 532	724 993	150 286	-6 770	-8 754	-0.93	-5.82
海南	484 518	200 006	486 512	188 432	-1 994	11 574	-0.41	6.14
重庆	1 098	1 098	895	895	203	203	22.68	22.68
四川	5 130	5 130	5 120	5 120	10	10	0.20	0.20
贵州	1 406	1 406	1 364	1 364	42	42	3.08	3.08
云南	73 996	73 996	47 083	47 083	26 913	26 913	57.16	57.16
西藏								
陕西	1 090	1 090	985	985	105	105	10.66	10.66
甘肃								
青海	3 000	3 000	3 000	3 000				
宁夏	116	116	165	165	-49	-49	-29.70	-29.70
新疆	7 320	7 320	4 716	4 716	2 604	2 604	55.22	55.22

各地区水产加工品总量(按品种分)(一)

单位:吨

地　　区	水产加工品总量			1.水产冷冻品		
		淡水加工品	海水加工品		冷冻品	冷冻加工品
全国总计	**21 962 522**	**4 081 875**	**17 880 647**	**14 873 451**	**7 300 544**	**7 572 907**
北　京	2 073	1 675	398	1 998	1 600	398
天　津	510		510	510	510	
河　北	88 247	14 024	74 223	69 090	33 628	35 462
山　西						
内 蒙 古	8 090	8 090		4 647	4 446	201
辽　宁	2 448 498	36 585	2 411 913	1 781 172	626 384	1 154 788
吉　林	237 716	1 776	235 940	219 627	133 392	86 235
黑 龙 江	7 625	7 625		4 400	4 400	
上　海	12 384	9 835	2 549	12 384	3 559	8 825
江　苏	1 640 182	882 296	757 886	634 274	411 571	222 703
浙　江	2 083 654	85 594	1 998 060	1 552 338	1 093 373	458 965
安　徽	259 472	254 829	4 643	176 205	59 630	116 575
福　建	3 677 613	165 468	3 512 145	2 027 333	1 009 139	1 018 194
江　西	379 075	379 075		132 172	62 606	69 566
山　东	6 993 534	121 058	6 872 476	5 396 116	2 720 230	2 675 886
河　南	20 167	20 167		18 179	6 095	12 084
湖　北	1 143 318	1 143 318		540 232	229 734	310 498
湖　南	137 990	137 990		74 875	50 999	23 876
广　东	1 526 477	377 776	1 148 701	1 095 538	424 469	671 069
广　西	718 223	141 532	576 691	629 312	161 578	467 734
海　南	484 518	200 006	284 512	428 773	223 788	204 985
重　庆	1 098	1 098		261	200	61
四　川	5 130	5 130		3 713	520	3 193
贵　州	1 406	1 406		610	500	110
云　南	73 996	73 996		60 647	29 233	31 414
西　藏						
陕　西	1 090	1 090		1 090	1 090	
甘　肃						
青　海	3 000	3 000		3 000	3 000	
宁　夏	116	116				
新　疆	7 320	7 320		4 955	4 870	85

各地区水产加工品总量(按品种分)(二)

单位:吨

地　　区	2.鱼糜制品及干腌制品	鱼糜制品	干腌制品	3.藻类加工品	4.罐制品	5.鱼粉
全国总计	**3 252 542**	**1 541 893**	**1 710 649**	**1 100 541**	**419 973**	**639 165**
北　京						75
天　津						
河　北	3 960		3 960		10 287	3 929
山　西						
内蒙古	1 414		1 414	1 914	115	
辽　宁	172 793	60 017	112 776	238 063	20 157	80 540
吉　林	17 949	4 060	13 889		140	
黑龙江	2 967	107	2 860		108	
上　海						
江　苏	67 293	24 198	43 095	24 983	62 088	1 641
浙　江	220 204	92 620	127 584	29 194	46 224	189 835
安　徽	62 456	45 296	17 160		5 500	15 293
福　建	874 281	461 025	413 256	436 339	78 176	17 225
江　西	215 767	77 489	138 278	1 434	13 902	
山　东	739 450	347 569	391 881	362 924	121 128	206 241
河　南	1 765	632	1 133	223		
湖　北	579 139	289 058	290 081		15 565	2 020
湖　南	57 925	20 063	37 862		3 277	326
广　东	182 182	96 066	86 116	4 841	41 594	85 094
广　西	32 822	15 134	17 688		671	586
海　南	11 665	5 062	6 603			30 000
重　庆	816	550	266		21	
四　川	1 393	1 216	177		8	
贵　州	796	68	728			
云　南	5 160	1 663	3 497	616	536	4 720
西　藏						
陕　西						
甘　肃						
青　海						
宁　夏					116	
新　疆	345		345	10	360	1 640

各地区水产加工品总量(按品种分)(三)

单位:吨

地　　区	6.鱼油制品	7.其他水产加工品	其　中	
			助剂和添加剂	珍珠(千克)
全国总计	**67 564**	**1 609 286**	**105 406**	**180 829**
北　　京				
天　　津				
河　　北	106	875		
山　　西				
内 蒙 古				
辽　　宁	3 555	152 218		
吉　　林				
黑 龙 江		150		
上　　海				
江　　苏	11	849 892	15	36 000
浙　　江	4 010	41 849	4 600	1 232
安　　徽		18		18 000
福　　建	3 005	241 254	44 397	
江　　西		15 800		129
山　　东	54 513	113 162	51 060	
河　　南				
湖　　北		6 362	626	
湖　　南	5	1 582	200	119 000
广　　东	46	117 182		6 468
广　　西		54 832	4 498	
海　　南		14 080		
重　　庆				
四　　川		16		
贵　　州				
云　　南	2 313	4		
西　　藏				
陕　　西				
甘　　肃				
青　　海				
宁　　夏				
新　　疆		10	10	

各地区用于加工的水产品量

单位:吨

地　　区	用于加工的水产品量	淡水产品	海水产品
全国总计	**26 800 176**	**5 734 971**	**21 065 205**
北　京	2 273	1 875	398
天　津	510		510
河　北	198 429	11 397	187 032
山　西			
内蒙古	11 473	11 473	
辽　宁	3 664 057	47 670	3 616 387
吉　林	267 552	1 877	265 675
黑龙江	15 688	15 688	
上　海	13 625	9 910	3 715
江　苏	1 627 320	789 654	837 666
浙　江	2 394 263	99 214	2 295 049
安　徽	308 554	302 519	6 035
福　建	4 216 650	186 778	4 029 872
江　西	720 208	720 208	
山　东	7 829 381	98 920	7 730 461
河　南	34 134	34 134	
湖　北	2 028 838	2 028 838	
湖　南	146 466	146 466	
广　东	1 853 338	543 408	1 309 930
广　西	759 219	190 160	569 059
海　南	563 955	350 539	213 416
重　庆	2 834	2 834	
四　川	5 562	5 562	
贵　州	1 907	1 907	
云　南	120 254	120 254	
西　藏			
陕　西	990	990	
甘　肃			
青　海	4 000	4 000	
宁　夏	251	251	
新　疆	8 445	8 445	

各地区水产品加工企业、冷库基本情况

地　　区	水产品加工企业			水产品冷库			
	小计（个）	水产品加工能力（吨/年）	其中：规模以上加工企业（个）	数量（座）	冻结能力（吨/日）	冷藏能力（吨/次）	制冰能力（吨/日）
全国总计	**9 674**	**29 262 317**	**2 636**	**8 237**	**937 190**	**4 657 017**	**234 129**
北　京	2	2 200	1	11	29	27 334	2
天　津	3	500		3	190	180	40
河　北	252	430 558	27	220	6 117	79 231	4 713
山　西							
内蒙古	29	7 600	22	30	340	2 234	227
辽　宁	904	3 083 332	369	627	60 875	522 174	19 155
吉　林	104	307 095	39	50	190 374	191 780	115
黑龙江	34	5 900		20	165	1 630	170
上　海	11	21 960	2	32	576	5 167	214
江　苏	1 065	2 013 720	334	1 151	39 791	208 605	24 782
浙　江	2 019	2 603 607	276	1 308	76 957	811 616	29 093
安　徽	148	287 619	71	421	14 555	62 466	1 481
福　建	1 182	4 984 680	400	780	79 451	434 324	20 948
江　西	188	271 106	50	192	2 226	18 013	2 979
山　东	1 754	8 884 117	575	1 933	322 205	1 554 559	55 272
河　南	58	59 850	11	48	1 095	10 124	688
湖　北	243	1 852 667	118	370	86 114	116 651	7 568
湖　南	147	328 862	55	172	7 282	109 316	2 539
广　东	1 046	2 338 432	163	539	22 429	352 747	37 908
广　西	178	1 057 542	57	49	1 861	96 647	3 193
海　南	204	453 263	35	150	5 619	32 924	22 341
重　庆	9	4 345	5	34	12 870	5 462	47
四　川	11	33 540	6	12	960	2 449	513
贵　州	20	844		8	32	99	22
云　南	46	197 998	13	31	623	4 816	86
西　藏							
陕　西	1	10		3	27	35	3
甘　肃							
青　海	2	4 000	2	3			10
宁　夏	1	10 000	1	5	500	800	
新　疆	13	16 970	4	35	3 927	5 634	20

4-2 水产品贸易

各地区水产品进出口贸易情况

单位:万美元,吨

地　区	2017 年进出口		2016 年进出口		2017 年比 2016 年增减(±)			
					绝对量		幅度(%)	
	金额	数量	金额	数量	金额	数量	金额	数量
全国总计	**3 249 598.23**	**9 236 469**	**3 011 198.84**	**8 279 116**	**238 399.38**	**957 356**	**7.92**	**11.56**
北　京	46 445.50	104 577	31 983.18	54 552	14 462.32	50 025	45.22	91.70
天　津	19 893.88	45 176	24 548.71	53 883	-4 654.84	-8 707	-18.96	-16.16
河　北	27 963.39	47 082	36 187.16	59 113	-8 223.77	-12 031	-22.73	-20.35
山　西	158.06	611	78.64	382	79.42	229	100.99	59.92
内蒙古	19.50	33	11.96	30	7.54	3	63.06	10.30
辽　宁	511 751.04	2 121 425	459 257.68	1 780 275	52 493.36	341 150	11.43	19.16
吉　林	40 833.19	165 382	35 422.62	160 956	5 410.57	4 426	15.27	2.75
黑龙江	919.70	2 518	989.37	4 916	-69.67	-2 398	-7.04	-48.77
上　海	183 166.94	431 790	139 523.90	246 193	43 643.04	185 597	31.28	75.39
江　苏	57 897.29	114 009	46 058.46	93 047	11 838.83	20 963	25.70	22.53
浙　江	232 042.72	655 920	216 894.62	660 055	15 148.11	-4 135	6.98	-0.63
安　徽	5 455.82	12 645	5 952.85	13 869	-497.03	-1 225	-8.35	-8.83
福　建	682 617.14	1 553 050	665 702.54	1 431 791	16 914.60	121 259	2.54	8.47
江　西	19 086.48	8 039	24 502.57	21 421	-5 416.08	-13 381	-22.10	-62.47
山　东	759 403.78	2 246 165	715 975.01	2 269 254	43 428.77	-23 088	6.07	-1.02
河　南	3 401.67	9 232	2 820.43	5 291	581.24	3 941	20.61	74.49
湖　北	19 250.49	25 216	24 078.24	25 719	-4 827.75	-503	-20.05	-1.95
湖　南	8 294.31	10 237	3 332.19	4 463	4 962.12	5 773	148.91	129.35
广　东	524 800.59	1 369 170	463 629.05	1 083 133	61 171.54	286 038	13.19	26.41
广　西	37 274.63	110 168	48 307.43	126 908	-11 032.80	-16 739	-22.84	-13.19
海　南	51 071.18	148 921	48 993.79	133 638	2 077.39	15 283	4.24	11.44
重　庆	3 539.53	19 856	4 714.64	25 362	-1 175.11	-5 506	-24.92	-21.71
四　川	7 969.53	20 964	4 998.90	9 077	2 970.63	11 887	59.43	130.96
贵　州	39.28	98	58.67	53	-19.39	45	-33.05	83.95
云　南	5 147.68	9 480	5 293.42	11 928	-145.73	-2 448	-2.75	-20.52
陕　西	171.39	186	403.30	489	-231.91	-303	-57.50	-61.89
甘　肃	0.81		4.21	3	-3.39	-3	-80.65	-99.64
青　海	0.80		91.63	138	-90.83	-138	-99.13	-99.99
宁　夏	57.68	230	54.89	267	2.79	-37	5.09	-13.99
新　疆	924.24	4 289	1 328.81	2 910	-404.57	1 379	-30.45	47.40

各地区水产品出口贸易情况

单位:万美元,吨

地　区	2017年出口		2016年出口		2017年比2016年增减(±)			
					绝对量		幅度(%)	
	金额	数量	金额	数量	金额	数量	金额	数量
全国总计	**2 115 009.27**	**4 339 377**	**2 073 779.14**	**4 237 614**	**41 230.13**	**101 765**	**1.99**	**2.40**
北　京	278.95	255	681.59	129	-402.64	126	-59.07	97.63
天　津	3 592.06	5 270	4 447.75	6 808	-855.69	-1 538	-19.24	-22.60
河　北	25 694.55	37 456	33 354.52	47 997	-7 659.97	-10 540	-22.97	-21.96
山　西	24.27	32			24.27	32		
内蒙古			0.45	1	-0.45	-1		
辽　宁	296 262.36	855 858	271 834.77	733 974	24 427.60	121 884	8.99	16.61
吉　林	16 327.19	44 043	15 021.43	48 331	1 305.76	-4 287	8.69	-8.87
黑龙江	232.84	433	209.64	520	23.20	-86	11.07	-16.63
上　海	10 605.05	8 191	8 416.12	8 189	2 188.93	1	26.01	0.02
江　苏	37 271.22	48 347	35 127.16	50 594	2 144.06	-2 247	6.10	-4.44
浙　江	185 685.22	500 441	185 285.31	511 841	399.91	-11 401	0.22	-2.23
安　徽	4 165.94	3 578	4 207.17	3 863	-41.23	-284	-0.98	-7.36
福　建	582 200.89	936 628	585 445.51	932 724	-3 244.62	3 904	-0.55	0.42
江　西	18 051.97	7 144	20 798.78	8 408	-2 746.81	-1 263	-13.21	-15.02
山　东	487 916.31	1 094 288	468 532.43	1 113 800	19 383.88	-19 511	4.14	-1.75
河　南	407.80	272	452.26	429	-44.46	-157	-9.83	-36.63
湖　北	17 197.58	16 831	22 891.53	21 488	-5 693.96	-4 657	-24.87	-21.67
湖　南	3 104.57	1 785	3 168.01	3 624	-63.43	-1 839	-2.00	-50.74
广　东	343 606.22	574 075	322 737.34	534 246	20 868.88	39 828	6.47	7.46
广　西	29 776.73	53 019	40 487.00	72 080	-10 710.27	-19 061	-26.45	-26.44
海　南	47 597.41	146 126	45 947.70	130 639	1 649.71	15 487	3.59	11.85
重　庆	0.08		0.42	33	-0.34	-33	-81.51	-99.78
四　川	2 982.07	1 586	2 075.95	1 186	906.11	400	43.65	33.73
贵　州	24.43	98	6.94	16	17.49	82	252.14	507.64
云　南	1 815.68	3 480	2 336.89	6 361	-521.21	-2 882	-22.30	-45.30
陕　西	0.85		9.99	5	-9.14	-5	-91.53	-91.64
甘　肃			1.90	3	-1.90	-3		
青　海			85.26	138	-85.26	-138		
宁　夏	13.77	11	2.57	1	11.21	10	436.99	1 688.31
新　疆	173.25	130	212.74	186	-39.49	-56	-18.56	-29.97

各地区水产品进口贸易情况

单位:万美元,吨

地区	2017年进口		2016年进口		2017年比2016年增减(±)			
					绝对量		幅度(%)	
	金额	数量	金额	数量	金额	数量	金额	数量
全国总计	**1 134 588.96**	**4 897 090**	**937 419.71**	**4 041 502**	**197 169.25**	**855 592**	**21.03**	**21.17**
北京	46 166.55	104 321	31 301.60	54 423	14 864.96	49 899	47.49	91.69
天津	16 301.82	39 905	20 100.97	47 074	-3 799.15	-7 169	-18.90	-15.23
河北	2 268.84	9 626	2 832.64	11 117	-563.80	-1 491	-19.90	-13.41
山西	133.78	579	78.64	382	55.14	197	70.12	51.62
内蒙古	19.50	33	11.51	29	8.00	4	69.49	12.18
辽宁	215 488.68	1 265 566	187 422.92	1 046 301	28 065.76	219 266	14.97	20.96
吉林	24 506.00	121 339	20 401.19	112 626	4 104.81	8 714	20.12	7.74
黑龙江	686.86	2 085	779.73	4 396	-92.87	-2 311	-11.91	-52.57
上海	172 561.90	423 599	131 107.78	238 004	41 454.11	185 595	31.62	77.98
江苏	20 626.07	65 663	10 931.30	42 453	9 694.77	23 210	88.69	54.67
浙江	46 357.50	155 479	31 609.30	148 213	14 748.20	7 266	46.66	4.90
安徽	1 289.87	9 066	1 745.67	10 007	-455.80	-940	-26.11	-9.40
福建	100 416.25	616 423	80 257.03	499 067	20 159.22	117 355	25.12	23.51
江西	1 034.51	895	3 703.79	13 013	-2 669.27	-12 118	-72.07	-93.12
山东	271 487.46	1 151 877	247 442.58	1 155 454	24 044.89	-3 577	9.72	-0.31
河南	2 993.87	8 960	2 368.17	4 862	625.70	4 098	26.42	84.30
湖北	2 052.91	8 385	1 186.71	4 231	866.20	4 155	72.99	98.21
湖南	5 189.73	8 451	164.18	839	5 025.55	7 612	3 061.03	907.34
广东	181 194.37	795 096	140 891.71	548 886	40 302.65	246 209	28.61	44.86
广西	7 497.90	57 149	7 820.43	54 828	-322.53	2 321	-4.12	4.23
海南	3 473.77	2 794	3 046.08	2 998	427.68	-204	14.04	-6.80
重庆	3 539.45	19 856	4 714.22	25 329	-1 174.77	-5 473	-24.92	-21.61
四川	4 987.46	19 378	2 922.95	7 891	2 064.51	11 487	70.63	145.58
贵州	14.85		51.73	37	-36.88	-37	-71.29	-99.41
云南	3 332.00	6 001	2 956.53	5 567	375.47	434	12.70	7.79
陕西	170.54	186	393.30	484	-222.76	-298	-56.64	-61.57
甘肃	0.81		2.31		-1.49		-64.67	-54.55
青海	0.80		6.37		-5.57		-87.44	-85.71
宁夏	43.91	219	52.32	267	-8.42	-47	-16.09	-17.75
新疆	750.99	4 159	1 116.06	2 724	-365.08	1 435	-32.71	52.67

第五部分

渔政管理

各地区渔政管理机构情况（按机构性质分）

单位：个

地　区	渔业执法机构个数	行政单位	参照公务员管理单位	事业单位
全国总计	**2 679**	**448**	**593**	**1 638**
部直属	2	1	1	
北　京	15	8	3	4
天　津	13	7	3	3
河　北	121	27	5	89
山　西	12	5		7
内蒙古	93	20	29	44
辽　宁	137	14	26	97
吉　林	58	9	9	40
黑龙江	87	36	27	24
上　海	20		10	10
江　苏	107	6	40	61
浙　江	122	8	67	47
安　徽	123	20	9	94
福　建	101	11	45	45
江　西	138	13	26	99
山　东	137	7	26	104
河　南	105	18	6	81
湖　北	125	6	23	96
湖　南	114	14	8	92
广　东	119	87	16	16
广　西	111	7	78	26
海　南	19	4	4	11
重　庆	58	4	27	27
四　川	197	29	39	129
贵　州	66	22	1	43
云　南	136	13	7	116
西　藏	8	8		
陕　西	115	11	13	91
甘　肃	91	5	6	80
青　海	32	3	15	14
宁　夏	20	13		7
新　疆	63	10	23	30
新疆兵团	14	2	1	11

各地区渔政管理机构情况（按执法业务类型分）

单位：个

地　　区	渔政	渔监	船检	渔政渔监船检综合执法	渔政与农业执法单位合署	渔政与水产研究或推广单位合署	渔政与渔业生产单位合署
全国总计	**1 155**	**29**	**26**	**959**	**136**	**329**	**45**
部直属	1		1				
北　京	13				2		
天　津	7	1		5			
河　北	64	4		29	13	11	
山　西	9			2		1	
内蒙古	39			22	4	28	
辽　宁	60	11	13	30	1	20	2
吉　林	10			44		4	
黑龙江	26	1	1	43	2	12	2
上　海	12	1			7		
江　苏	34	3		64	6		
浙　江	36		8	69	5	3	1
安　徽	38		2	70	4	7	2
福　建	24	1		60	5	10	1
江　西	60			25	23	27	3
山　东	57	2		63	2	13	
河　南	54	1		33		16	1
湖　北	26			90	7	1	1
湖　南	82			23	1	2	6
广　东	35			83	1		
广　西	33	2	1	56	2	13	4
海　南	13			6			
重　庆	20	1		24	11	2	
四　川	105			45	20	25	2
贵　州	13	1		37		14	1
云　南	44			17	4	59	12
西　藏	8						
陕　西	54			12	1	42	6
甘　肃	65			1	6	19	
青　海	18			5	8		1
宁　夏	20						
新　疆	61			1	1		
新疆兵团	14						

各地区渔政管理人员情况

单位：个

地　区	现有人数合计	按教育水平分				持渔业行政执法证人数
		大学本科以上	大学本科	大学专科	大学专科以下	
全国总计	**38 364**	**877**	**12 567**	**16 060**	**8 860**	**27 385**
部直属	50	17	31	2		
北　京	291	23	196	62	10	247
天　津	220	6	115	66	33	144
河　北	1 503	9	495	678	321	1 123
山　西	478	1	124	221	132	285
内蒙古	1 244	21	448	549	226	822
辽　宁	2 565	122	999	1 054	390	2 040
吉　林	709	14	226	313	156	627
黑龙江	1 130	14	374	551	191	740
上　海	670	64	421	159	26	251
江　苏	2 247	87	776	898	486	1 873
浙　江	2 203	68	822	905	408	1 868
安　徽	1 357	10	363	674	310	903
福　建	1 357	40	532	367	418	832
江　西	1 213	29	322	483	379	994
山　东	3 066	56	1 079	1 161	770	2 409
河　南	1 731	12	308	863	548	1 120
湖　北	2 056	50	439	1 113	454	1 565
湖　南	1 626	13	408	815	390	1 417
广　东	2 847	55	1 071	950	771	2 003
广　西	1 060	23	381	444	212	650
海　南	889	16	184	389	300	532
重　庆	521	22	242	210	47	327
四　川	1 793	34	528	840	391	1 270
贵　州	484	9	136	283	56	373
云　南	1 282	15	374	550	343	676
西　藏	29	1	13	10	5	19
陕　西	1 812	10	396	614	792	1 060
甘　肃	940	12	369	400	159	399
青　海	275	3	75	140	57	250
宁　夏	169	10	114	39	6	155
新　疆	506	11	175	247	73	380
新疆兵团	41		31	10		31

第六部分

科技与推广

6-1　科技

全国渔业科技基本情况

一、渔业科研机构个数（个）	**98**	其他	47 881
二、渔业科研机构从业人员（人）	**6 233**	非政府资金	246 387
1.科技活动人员	5 178	其中：技术性收入	221 512
按职称分：高级职称	1 743	2.生产经营收入	97 658
中级职称	1 859	3.其他收入	197 268
初级职称及其他	1 576	**四、科研机构固定资产情况**（千元）	
按学历分：研究生	2 202	年末固定资产合计	4 085 933
大学	1 896	**五、科技著述和专利申请情况**	
大专	641	发表科技论文（篇）	2 852
其他	439	其中：国外发表	787
2.生产经营活动人员	283	出版科技著作（种）	79
3.其他人员	772	专利受理数（件）	728
三、本年度收入（千元）	**2 991 005**	专利授权（件）	560
1.科技活动收入	2 696 079	其中：发明专利	221
政府资金	2 449 692	国外授权	1
财政拨款	1 735 882	拥有发明专利总数（件）	1 686
承担政府项目	665 929		

6-2 技术推广

各地区水产技术推广机构情况(按层级分)

单位:个

地　区	数量			省级站		市级站		县级站		区域站		乡级站	
		专业站	综合站	专业站	综合站	专业站	综合站	专业站	综合站	专业站	综合站	专业站	综合站
全国总计	**12 305**	**2 686**	**9 619**	**35**	**1**	**243**	**56**	**1 437**	**567**	**86**	**109**	**885**	**8 886**
北　京	14	9	5	1				8	5				
天　津	50	12	38	1				11	1				37
河　北	245	85	160	1		11		66	79	7	65		16
黑龙江	518	139	379	1		10		52	5			76	374
山　西	91	43	48	1		10		27	10			5	38
内蒙古	85	54	31	1		8	4	45	27				
辽　宁	379	110	269	1		13		47	13	14	4	35	252
吉　林	628	57	571	1		9		47	1		4		566
山　东	1 188	412	776	1		15	1	113	18			283	757
上　海	57	16	41	1				8	1			7	40
江　苏	962	128	834	1		13		73	10	12		29	824
浙　江	459	89	370	1		10		63	10	4	3	11	357
安　徽	535	112	423	1		12	3	59	22	10		30	398
福　建	789	155	634	1		8	1	69	5		2	77	626
江　西	791	131	660	1		8		77	14	7		38	646
河　南	432	97	335	1		15	3	81	52		2		278
湖　北	528	239	289	1		8	2	52	8	5		173	279
湖　南	411	77	334		1	4		19	15	1	9	53	309
广　东	898	126	772	1		17	3	70	30	25		13	739
广　西	850	89	761	1		13	1	61	33			14	727
海　南	26	9	17	1		3	1	5	2				14
重　庆	228	22	206	1				21	17				189
四　川	1 302	103	1 199	1		11	7	74	50	1	20	16	1 122
贵　州	270	66	204	1		7	2	58	36				166
云　南	184	121	63	1		14	2	106	14				47
西　藏													
陕　西	97	76	21	1		9	2	66	19				
甘　肃	75	35	40	1		7	6	26	34			1	
青　海	10	1	9	1			1		8				
宁　夏	37	6	31	1		1	4	4	13				14
新　疆	30	18	12	1		6	2	11	10				
大　连	32	26	6	1				6				19	6
青　岛	57	7	50	1				6	1				49
宁　波	23	11	12	1				5	1			5	11
深　圳	1	1		1									
厦　门	9	2	7	1				1	2				5
新疆兵团	14	2	12	1		1	11		1				

各地区水产技术推广机构情况（按机构性质分）（一）

单位：个

地　区	行政单位					
	合　计	省级站	市级站	县级站	区域站	乡级站
全国总计	**121**	**1**	**10**	**47**	**1**	**62**
北　京						
天　津						
河　北	4			4		
黑龙江						
山　西						
内蒙古						
辽　宁	3			3		
吉　林						
山　东	5			5		
上　海						
江　苏						
浙　江	18					18
安　徽	2			2		
福　建						
江　西	2			2		
河　南	29			10	1	18
湖　北						
湖　南	3			3		
广　东	1					1
广　西						
海　南	16		1	1		14
重　庆	1			1		
四　川	17	1	7	9		
贵　州	2			2		
云　南	2		1	1		
西　藏						
陕　西						
甘　肃	3			3		
青　海	1		1			
宁　夏						
新　疆	1			1		
大　连						
青　岛						
宁　波	11					11
深　圳						
厦　门						
新疆兵团						

各地区水产技术推广机构情况（按机构性质分）（二）

单位：个

地区	事业单位						
	合计	全额拨款					
		小计	省级站	市级站	县级站	区域站	乡级站
全国总计	**12 184**	**11 196**	**34**	**275**	**1 827**	**177**	**8 883**
北京	14	14	1		13		
天津	50	20	1		12		7
河北	241	203	1	10	122	56	14
黑龙江	518	512	1	9	53		449
山西	91	85	1	8	34		42
内蒙古	85	79	1	12	66		
辽宁	376	350	1	12	57	18	262
吉林	628	627	1	9	48	4	565
山东	1 183	1 104	1	15	118		970
上海	57	56	1		9		46
江苏	962	825	1	13	75	12	724
浙江	441	436	1	10	71	7	347
安徽	533	504	1	15	75	10	403
福建	789	787	1	9	73	2	702
江西	789	648	1	8	89	7	543
河南	403	353	1	16	105	1	230
湖北	528	311	1	9	33	5	263
湖南	408	335	1	3	29	10	292
广东	897	769	1	17	83	24	644
广西	850	850	1	14	94		741
海南	10	8		3	5		
重庆	227	226	1		36		189
四川	1 285	1 284		11	114	21	1 138
贵州	268	267	1	9	91		166
云南	182	181	1	15	118		47
西藏							
陕西	97	94	1	11	82		
甘肃	72	71	1	12	57		1
青海	9	9	1		8		
宁夏	37	37	1	5	17		14
新疆	29	27	1	8	18		
大连	32	32	1		6		25
青岛	57	56	1		6		49
宁波	12	12	1		6		5
深圳	1	1	1				
厦门	9	9	1		3		5
新疆兵团	14	14	1	12	1		

各地区水产技术推广机构性质(按机构性质分)(三)

单位:个

地 区	差额拨款						自收自支					
	小计	省级站	市级站	县级站	区域站	乡级站	小计	省级站	市级站	县级站	区域站	乡级站
全国总计	**821**	**1**	**9**	**82**	**4**	**725**	**167**		**5**	**48**	**13**	**101**
北 京												
天 津	1					1	29					29
河 北	22		1	17	4		16			2	12	2
黑 龙 江	5		1	4			1					1
山 西	3		1	1		1	3		1	2		
内 蒙 古	6			6								
辽 宁	21					21	5		1			4
吉 林							1					1
山 东	57		1	7		49	22			1		21
上 海	1					1						
江 苏	129			5		124	8			3		5
浙 江	3					3	2			2		
安 徽	3			2		1	26			2		24
福 建	2			1		1						
江 西	141					141						
河 南	42		1	11		30	8		1	7		
湖 北	204		1	19		184	13			8		5
湖 南	69		1	1		67	4			1		3
广 东	103		1	1		101	25		2	16	1	6
广 西												
海 南	1	1					1			1		
重 庆							1			1		
四 川	1			1								
贵 州	1			1								
云 南							1			1		
西 藏												
陕 西	3			3								
甘 肃	1		1									
青 海												
宁 夏												
新 疆	1			1			1			1		
大 连												
青 岛	1			1								
宁 波												
深 圳												
厦 门												
新疆兵团												

各地区水产技术推广经费情况(人员经费)

单位:万元

地区	总计	人员经费					
		合计	省级站	市级站	县级站	区域站	乡级站
全国总计	**314 529.47**	**227 371.26**	**20 786.14**	**45 181.95**	**84 434.46**	**2 470.12**	**74 498.59**
北京	6 489.95	3 739.07	1 555.20		2 183.87		
天津	5 122.00	3 774.26	476.60		2 729.26		568.40
河北	6 884.92	5 104.49	509.14	1 855.25	2 234.61	476.19	29.30
黑龙江	5 153.79	3 883.10	162.20	588.94	2 237.26		894.70
山西	1 973.11	1 575.67	194.21	376.20	728.46	66.00	210.80
内蒙古	10 098.52	8 968.41	1 106.00	2 940.41	4 922.00		
辽宁	7 028.93	4 478.69	427.94	1 192.64	1 249.24	96.39	1 512.48
吉林	10 979.45	8 659.68	425.59	1 434.83	1 643.36	80.40	5 075.50
山东	22 145.01	18 544.24	449.32	2 377.55	6 704.79		9 012.58
上海	13 080.86	8 283.29	3 875.83		3 380.66		1 026.80
江苏	29 865.93	21 335.83	913.58	3 302.51	6 279.15	109.00	10 731.59
浙江	18 792.41	11 559.70	333.17	1 589.45	5 156.38	178.80	4 301.90
安徽	9 035.16	7 515.23	251.95	1 393.48	2 996.28	138.90	2 734.62
福建	10 762.71	7 500.18	485.00	1 229.85	2 494.80	12.00	3 278.53
江西	6 780.62	5 747.13	374.86	200.62	2 092.28	54.65	3 024.72
河南	7 656.80	5 610.47	473.00	1 717.71	2 227.16	16.00	1 176.60
湖北	9 811.00	8 292.53	441.00	1 720.78	2 743.14	58.50	3 329.11
湖南	5 110.17	4 050.50	271.19	589.93	917.08	20.00	2 252.30
广东	31 622.10	23 241.32	280.00	12 550.34	3 416.07	333.09	6 661.82
广西	13 441.69	10 566.58	249.90	1 421.55	2 374.84		6 520.29
海南	1 478.93	776.23	120.00	224.23	37.60		394.40
重庆	8 692.34	3 367.88	611.39		1 709.89		1 046.60
四川	15 505.79	11 323.00	50.00	1 129.75	3 759.14	830.20	5 553.91
贵州	7 085.01	5 232.07	145.51	414.48	2 178.53		2 493.55
云南	12 780.69	9 590.17	293.45	2 023.06	6 765.73		507.93
西藏							
陕西	9 756.41	8 047.44	673.44	1 613.24	5 760.76		
甘肃	5 926.61	4 507.64	786.47	1 512.51	2 203.66		5.00
青海	1 332.03	683.08	350.92	28.80	303.36		
宁夏	3 005.04	1 589.22	362.83	426.16	718.23		82.00
新疆	2 825.48	2 025.49	898.19	674.90	452.40		
大连	2 812.37	1 660.44	525.04		637.40		498.00
青岛	2 639.27	2 279.22		400.09	428.97		1 450.16
宁波	3 997.90	2 054.80	1 277.40		677.40		100.00
深圳	2 309.78	1 302.95	1 302.95				
厦门	2 042.60	143.00		40.00	78.00		25.00
新疆兵团	504.09	358.26	132.87	212.69	12.70		

各地区水产技术推广经费情况（公共经费）

单位：万元

地　区	公共经费					
	合　计	省级站	市级站	县级站	区域站	乡级站
全国总计	**20 985.31**	**3 101.56**	**4 121.30**	**7 922.21**	**334.75**	**5 505.49**
北　京	386.64	180.12		206.52		
天　津	200.04	79.00		113.94		7.10
河　北	503.99	35.55	171.41	196.13	93.90	7.00
黑龙江	361.93	75.60	71.90	188.93		25.50
山　西	62.93	7.04	20.55	21.34	6.00	8.00
内蒙古	507.08	75.30	219.11	212.67		
辽　宁	358.48	89.80	133.66	84.77	8.37	41.88
吉　林	367.22	60.96	171.21	135.05		
山　东	1 149.52	49.00	167.77	371.95		560.80
上　海	1 120.99	604.76		394.23		122.00
江　苏	2 323.66	87.00	459.11	764.82	8.40	1 004.33
浙　江	1 856.72	469.55	190.50	872.47		324.20
安　徽	673.67	11.25	200.22	311.69	13.20	137.31
福　建	642.02	39.00	131.09	274.47	0.70	196.76
江　西	559.77	24.99	24.98	195.55	2.00	312.25
河　南	420.60	38.00	155.23	186.37		41.00
湖　北	671.76	14.00	116.30	214.93	0.60	325.93
湖　南	486.35	13.50	53.83	192.72	1.20	225.10
广　东	2 024.12	409.50	452.06	412.41	9.96	740.19
广　西	745.96	27.64	115.52	229.10		373.70
海　南	197.70		164.20	21.00		12.50
重　庆	605.79	86.52		427.07		92.20
四　川	1 553.55	10.00	167.97	505.08	190.42	680.08
贵　州	340.18	12.00	25.89	195.35		106.94
云　南	562.65	26.80	182.35	324.23		29.27
西　藏						
陕　西	552.78	92.44	154.92	305.42		
甘　肃	379.91	62.00	146.11	171.80		
青　海	47.35	30.15	2.00	15.20		
宁　夏	151.47	57.74	24.54	66.44		2.75
新　疆	238.07	76.37	101.20	60.50		
大　连	152.17	56.67		56.10		39.40
青　岛	152.83		88.57	32.96		31.30
宁　波	184.60	82.50		69.10		33.00
深　圳	93.98	93.98				
厦　门	289.60		180.00	84.60		25.00
新疆兵团	59.23	22.83	29.10	7.30		

各地区水产技术推广经费情况(项目经费)

单位:万元

地　　区	项目经费					
	合　计	省级站	市级站	县级站	区域站	乡级站
全国总计	**66 172.90**	**19 571.84**	**15 425.52**	**28 793.05**	**253.49**	**2 129.00**
北　京	2 364.24	1 514.92		849.32		
天　津	1 147.70	1 012.70		135.00		
河　北	1 276.44	588.53	520.11	112.30	55.50	
黑龙江	908.76	510.30	57.57	340.89		
山　西	334.51	114.01	15.50	147.00	58.00	
内蒙古	623.03	70.00	287.82	265.21		
辽　宁	2 191.76	498.80	755.71	846.80	76.49	13.96
吉　林	1 952.55	477.24	545.31	930.00		
山　东	2 451.25	142.00	219.30	1 954.35		135.60
上　海	3 676.58	2 282.00		1 392.43		2.15
江　苏	6 206.44	560.00	2 144.67	3 194.88		306.89
浙　江	5 375.99	1 672.49	895.86	2 648.04		159.60
安　徽	846.26	124.99	272.36	403.91		45.00
福　建	2 620.51	622.00	525.93	1 437.58		35.00
江　西	473.72	253.20	30.00	187.52		3.00
河　南	1 625.73	265.00	284.43	1 076.30		
湖　北	846.71	100.00	296.91	401.55		48.25
湖　南	573.32	117.71	166.61	258.00		31.00
广　东	6 356.66	343.90	3 990.65	1 165.94	20.00	836.17
广　西	2 129.15	365.08	749.49	1 006.40		8.18
海　南	505.00	378.00	110.00	17.00		
重　庆	4 718.67	2 003.20		2 715.47		
四　川	2 629.24	52.00	512.22	1 530.32	43.50	491.20
贵　州	1 512.76	847.50	85.66	579.60		
云　南	2 627.87	182.06	502.11	1 930.70		13.00
西　藏						
陕　西	1 156.19	22.00	256.00	878.19		
甘　肃	1 039.06	235.10	677.46	126.50		
青　海	601.60	596.60		5.00		
宁　夏	1 264.35	194.00	896.90	173.45		
新　疆	561.92	381.30	84.72	95.90		
大　连	999.76	520.86		478.90		
青　岛	207.22		174.22	33.00		
宁　波	1 758.50	1 552.90		205.60		
深　圳	912.85	912.85				
厦　门	1 610.00		360.00	1 250.00		
新疆兵团	86.60	58.60	8.00	20.00		

各地区水产技术推广人员编制情况(按层级分)

单位:人

地　区	编制人数					
	合　计	省级站	市级站	县级站	区域站	乡级站
全国总计	**34 633**	**1 455**	**3 626**	**12 891**	**613**	**16 048**
北　京	214	76		138		
天　津	248	25		115		108
河　北	1 090	37	164	714	149	26
黑龙江	1 109	26	87	418		578
山　西	418	16	108	199		95
内蒙古	977	61	300	616		
辽　宁	998	32	149	270	50	497
吉　林	1 568	32	143	327	16	1 050
山　东	3 098	21	211	1 106		1 760
上　海	531	235		171		125
江　苏	2 816	52	192	661	30	1 881
浙　江	1 006	31	83	435	25	432
安　徽	1 251	15	156	476	36	568
福　建	1 512	33	126	404	2	947
江　西	1 777	20	48	532	32	1 145
河　南	1 310	38	209	769	1	293
湖　北	1 421	30	138	499	5	749
湖　南	1 305	16	51	185	43	1 010
广　东	2 392	50	308	612	88	1 334
广　西	2 089	18	110	470		1 491
海　南	75	8	17	32		18
重　庆	555	38		250		267
四　川	1 731	5	215	553	136	822
贵　州	1 126	12	86	515		513
云　南	1 084	23	205	797		59
西　藏						
陕　西	1 139	109	183	847		
甘　肃	609	120	158	326		5
青　海	57	20	3	34		
宁　夏	246	32	50	149		15
新　疆	256	76	91	89		
大　连	129	35		52		42
青　岛	282	20		65		197
宁　波	125	48		56		21
深　圳	35	35				
厦　门	5			5		
新疆兵团	49	10	35	4		

各地区水产技术推广实有人员情况(按层级分)

单位:人

地　区	实有人数					
	合　计	省级站	市级站	县级站	区域站	乡级站
全国总计	**33 196**	**1 251**	**3 491**	**12 498**	**517**	**15 439**
北　京	179	73		106		
天　津	255	21		138		96
河　北	921	36	161	554	157	13
黑龙江	1 001	19	62	422		498
山　西	374	16	94	202		62
内蒙古	919	63	274	582		
辽　宁	952	30	146	271	47	458
吉　林	1 537	30	135	306	16	1 050
山　东	3 121	21	250	1 066		1 784
上　海	394	145		146		103
江　苏	2 597	48	168	621	29	1 731
浙　江	1 060	52	89	424	23	472
安　徽	1 064	12	118	469	33	432
福　建	1 133	27	122	367	2	615
江　西	1 502	16	44	391	20	1 031
河　南	1 335	32	220	787	3	293
湖　北	1 614	28	127	604	14	841
湖　南	1 566	16	84	195	28	1 243
广　东	2 323	43	281	555	79	1 365
广　西	1 840	14	108	429		1 289
海　南	95	17	34	31		13
重　庆	507	38		202		267
四　川	1 707	5	195	459	66	982
贵　州	956	10	72	423		451
云　南	1 026	20	191	766		49
西　藏						
陕　西	1 474	64	210	1 200		
甘　肃	615	86	151	377		1
青　海	55	20	3	32		
宁　夏	225	31	45	136		13
新　疆	227	63	86	78		
大　连	129	35		52		42
青　岛	291	18		49		224
宁　波	125	55		49		21
深　圳	37	37				
厦　门	6			6		
新疆兵团	34	10	21	3		

各地区水产技术推广实有人员情况(按技术职称和文化程度分)

单位:人

地 区	技术职称					文化程度					
	正高级	副高级	中级	初级	其他	博士	硕士	本科	大专	中专	其他
全国总计	**450**	**2 765**	**9 897**	**10 515**	**9 569**	**76**	**1 191**	**9 215**	**12 576**	**6 195**	**3 943**
北 京	4	22	40	45	68	3	32	87	31	9	17
天 津	6	39	46	55	109	1	7	137	34	16	60
河 北	37	102	288	240	254	1	18	364	276	158	104
黑龙江	20	129	398	291	163	1	14	329	494	135	28
山 西	2	21	113	148	90		3	122	139	77	33
内蒙古	15	130	234	168	372		22	334	388	91	84
辽 宁	30	60	344	301	217		42	313	414	146	37
吉 林	23	128	540	558	288	1	42	290	603	389	212
山 东	25	193	917	1 101	885	6	109	895	1 205	579	327
上 海	14	58	110	149	63	10	70	161	88	37	28
江 苏	68	273	999	831	426	9	144	643	1 098	436	267
浙 江	33	127	388	306	206	6	113	496	284	96	65
安 徽	18	136	449	294	167		29	311	476	180	68
福 建	9	158	330	384	252	3	58	398	377	219	78
江 西	13	67	391	485	546		27	315	502	389	269
河 南	10	87	357	395	486	1	24	324	505	255	226
湖 北	5	43	319	586	661	2	16	177	565	515	339
湖 南	1	25	322	762	456	1	15	131	409	612	398
广 东	28	109	377	609	1 200	19	85	589	695	494	441
广 西	12	37	644	834	313		22	379	994	329	116
海 南		8	11	23	53	5	7	19	24	15	25
重 庆	6	46	194	163	98	1	33	156	168	116	33
四 川	8	95	553	600	451		54	479	797	277	100
贵 州	2	109	451	253	141		28	299	532	73	24
云 南	8	275	376	188	179		22	380	447	120	57
西 藏											
陕 西	7	57	233	276	901		6	300	498	275	395
甘 肃	8	62	149	130	266		21	241	221	74	58
青 海	1	9	18	8	19		2	25	22	4	2
宁 夏	12	64	74	49	26		6	151	48	15	5
新 疆	6	24	51	64	82	1	28	104	66	14	14
大 连	3	10	41	46	29		29	59	32	7	2
青 岛	1	13	74	129	74	1	25	96	107	38	24
宁 波	12	36	33	29	15	4	27	65	23	3	3
深 圳	1	3	13	9	11		8	19	6		4
厦 门		2	3	1				4	2		
新疆兵团	2	8	17	5	2		3	23	6	2	

各地区水产技术推广实有人员情况(按性别和年龄分)

单位:人

地　区	性　别		年龄结构		
	男　性	女　性	35 岁及以下	36~49 岁	50 岁以上
全国总计	**24 334**	**8 862**	**6 165**	**18 058**	**8 973**
北　京	93	86	54	78	47
天　津	169	86	61	129	65
河　北	579	342	208	454	259
黑龙江	694	307	144	563	294
山　西	255	119	47	257	70
内蒙古	589	330	131	402	386
辽　宁	680	272	174	528	250
吉　林	1 159	378	155	897	485
山　东	2 201	920	613	1 838	670
上　海	291	103	126	119	149
江　苏	1 975	622	374	1 270	953
浙　江	865	195	309	380	371
安　徽	819	245	105	667	292
福　建	873	260	263	551	319
江　西	1 243	259	261	749	492
河　南	907	428	236	824	275
湖　北	1 199	415	184	896	534
湖　南	1 302	264	185	986	395
广　东	1 806	517	638	1 183	502
广　西	1 412	428	378	1 115	347
海　南	71	24	22	45	28
重　庆	380	127	119	261	127
四　川	1 301	406	367	933	407
贵　州	623	333	222	516	218
云　南	708	318	158	590	278
西　藏					
陕　西	929	545	267	909	298
甘　肃	425	190	134	325	156
青　海	32	23	6	36	13
宁　夏	149	76	21	130	74
新　疆	147	80	73	113	41
大　连	100	29	40	56	33
青　岛	214	77	43	166	82
宁　波	96	29	30	56	39
深　圳	26	11	8	18	11
厦　门	1	5	2	2	2
新疆兵团	21	13	7	16	11

各地区水产技术推广机构自有试验示范基地情况

单位：个，公顷

地区	合计		省级站		市级站		县级站		区域站		乡级站	
	数量	养殖面积	数量	养殖面积	数量	养殖面积	数量	养殖面积	数量	养殖面积	数量	养殖面积
全国总计	**640**	**11 851.58**	**31**	**876.27**	**96**	**2 034.31**	**366**	**7 251.00**	**10**	**50.00**	**137**	**1 640.00**
北京	4	24.36	2	19.33			2	5.03				
天津	3	66.67					3	66.67				
河北	11	56.80	2	7.70	1	0.50	3	18.60	5	30.00		
黑龙江	9	215.00	1	16.00	4	19.00	4	180.00				
山西	12	195.50			2	24.00	10	171.50				
内蒙古	9	366.00	1	20.00	3	232.00	5	114.00				
辽宁	9	73.25			5	24.60	4	48.65				
吉林	8	112.00			1	2.00	7	110.00				
山东	16	783.60			3	204.13	13	579.47				
上海	10	142.70	3	79.80			5	49.90			2	13.00
江苏	28	1 437.89	1	35.00	6	251.00	9	407.89			12	744.00
浙江	11	126.40	2	22.40			9	104.00				
安徽	5	58.00					5	58.00				
福建	14	105.97			1	17.00	13	88.97				
江西	43	323.00	1	7.00			12	102.00			30	214.00
河南	40	513.40			6	32.74	24	228.66			10	252.00
湖北	86	4 209.07			5	759.40	38	3 347.67			43	102.00
湖南	16	248.56			4	96.56	9	72.00			3	80.00
广东	134	1 173.15	1	2.00	20	187.45	76	748.70			37	235.00
广西	10	28.54			2	15.67	8	12.87				
海南	5	20.00	3		1	10.00	1	10.00				
重庆	6	34.70					6	34.70				
四川	41	301.22	1	29.00	3	24.04	32	228.18	5	20.00		
贵州	13	50.64			3	5.00	10	45.64				
云南	38	167.10	1	6.00	4	18.80	33	142.30				
西藏												
陕西	18	197.63	3	113.00	2	14.63	13	70.00				
甘肃	9	106.32	3	100.00	3	3.32	3	3.00				
青海	1	0.37	1	0.37								
宁夏												
新疆	20	354.07	1	146.67	13	20.80	6	186.60				
大连												
青岛												
宁波	1	3.50	1	3.50								
深圳	2	245.00	2	245.00								
厦门	1	2.00					1	2.00				
新疆兵团	7	109.17	1	23.50	4	71.67	2	14.00				

各地区水产技术推广机构合作试验示范基地情况

单位：个，公顷

地区	合计		省级站		市级站		县级站		区域站		乡级站	
	数量	养殖面积	数量	养殖面积	数量	养殖面积	数量	养殖面积	数量	养殖面积	数量	养殖面积
全国总计	**2 518**	**111 823.09**	**71**	**10 086.53**	**289**	**7 708.38**	**1 555**	**77 521.57**	**13**	**103.30**	**590**	**16 403.31**
北京	8	17.00					8	17.00				
天津	8	653.00					8	653.00				
河北	81	1 846.84	16	286.80	22	1 103.00	42	457.04	1			
黑龙江	5	460.00					5	460.00				
山西	16	96.27			4	6.77	12	89.50				
内蒙古	10	496.30	1	15.00	1	3.00	8	478.30				
辽宁	80	2 303.54			16	722.10	58	1 480.44	4	53.00	2	48.00
吉林	80	4 800.00	2	200.00	6	300.00	72	4 300.00				
山东	239	13 035.40			19	461.00	200	10 552.19			20	2 022.21
上海	34	707.33	18	476.73			16	230.60				
江苏	83	1 642.57			3	22.00	32	965.97			48	654.60
浙江	138	3 132.33	3		15	54.00	104	2 954.83	3	35.30	13	88.20
安徽	132	6 576.90			16	465.20	81	4 773.10			35	1 338.60
福建	124	2 067.24	11	15.00	7	21.33	101	2 025.91			5	5.00
江西	195	14 521.60			14	147.50	79	7 799.10	5	15.00	97	6 560.00
河南	82	5 216.71	1	15.00	17	316.08	63	4 879.63			1	6.00
湖北	268	22 484.90			58	987.00	126	17 826.90			84	3 671.00
湖南	173	12 171.67	4	8 500.00	1	3.37	52	2 648.30			116	1 020.00
广东	241	2 658.67	5	350.00	41	1 009.30	132	1 074.37			63	225.00
广西	54	1 443.76			21	375.13	31	831.93			2	236.70
海南	4	32.00			3	21.00	1	11.00				
重庆	72	950.90	1	8.00			58	793.90			13	149.00
四川	184	3 540.86	3	20.00	1	50.00	94	3 111.86			86	359.00
贵州	37	399.00					37	399.00				
云南	42	3 131.80			5	2.40	32	3 109.40			5	20.00
西藏												
陕西	45	1 282.40			8	639.20	37	643.20				
甘肃	24	198.97			5	18.00	19	180.97				
青海	1	1.06					1	1.06				
宁夏	9	1 939.00			4	928.00	5	1 011.00				
新疆	16	419.07	6	200.00	2	53.00	8	166.07				
大连	13	408.00					13	408.00				
青岛	8	3 080.00					8	3 080.00				
宁波	11	102.70					11	102.70				
深圳												
厦门												
新疆兵团	1	5.30					1	5.30				

各地区水产技术推广机构房屋条件情况(一)

单位:米²

地　区	办公用房面积					
	合　计	省级站	市级站	县级站	区域站	乡级站
全国总计	**467 254**	**43 577**	**68 220**	**160 637**	**3 687**	**191 133**
北　京	4 370	375		3 995		
天　津	2 357	210		824		1 323
河　北	7 896	700	2 045	4 492	659	
黑 龙 江	2 529	142	341	2 046		
山　西	3 176	115	2 069	992		
内 蒙 古	12 508	650	4 155	7 704		
辽　宁	26 231	2 557	2 809	3 822	363	16 681
吉　林	14 598	1 326	3 457	3 080	155	6 580
山　东	28 030	635	1 827	12 309		13 260
上　海	11 584	5 336		5 243		1 005
江　苏	42 178	235	4 432	8 888		28 623
浙　江	20 432	6 383	2 149	6 000	520	5 380
安　徽	14 804	176	2 128	5 460	120	6 920
福　建	22 076	3 368	5 566	3 741	18	9 382
江　西	22 087	2 470	418	4 785	160	14 254
河　南	11 382	300	2 069	6 938	35	2 040
湖　北	31 317	571	4 750	15 338		10 659
湖　南	21 607	200	2 469	1 918	540	16 480
广　东	26 566	500	4 492	6 882	122	14 570
广　西	38 628	2 400	906	3 413		31 909
海　南	592	180	310	102		
重　庆	6 445	1 178		4 022		1 245
四　川	18 734	60	3 084	8 791	995	5 803
贵　州	7 020	300	2 347	3 156		1 216
云　南	20 727	462	4 532	14 059		1 673
西　藏						
陕　西	18 227	899	4 561	12 767		
甘　肃	6 214	858	2 648	2 437		271
青　海	2 184	1 680	50	454		
宁　夏	2 577	660	738	1 090		89
新　疆	6 847	2 300	2 739	1 808		
大　连	1 934	700		1 184		50
青　岛	2 183		450	233		1 500
宁　波	3 497	2 476		801		220
深　圳	3 000	3 000				
厦　门	2 027		245	1 782		
新疆兵团	690	175	434	81		

各地区水产技术推广机构房屋条件情况(二)

单位:个

地　区	培训教室					
	合　计	省级站	市级站	县级站	区域站	乡级站
全国总计	**1 311**	**36**	**69**	**464**	**20**	**722**
北　京	6	3		3		
天　津	5	1		4		
河　北	15			9	6	
黑龙江						
山　西	5		3	2		
内蒙古	3	1		2		
辽　宁	9	1		4	4	
吉　林	2	1	1			
山　东	67		2	28		37
上　海	17	5		5		7
江　苏	170	1	5	17		147
浙　江	95	3	3	29	1	59
安　徽	90	1	1	15		73
福　建	104		3	25		76
江　西	102	1		23		78
河　南	33		5	28		
湖　北	86		8	25		53
湖　南	72	1	2	21		48
广　东	95	1	17	33		44
广　西	74	1	2	18		53
海　南	1		1			
重　庆	28	1		8		19
四　川	70	2	3	28	9	28
贵　州	6			6		
云　南	10	1	3	6		
西　藏						
陕　西	33	2	3	28		
甘　肃	5		3	2		
青　海	2	1		1		
宁　夏	6	1		5		
新　疆	85	1	3	81		
大　连	2			2		
青　岛						
宁　波	9	5		4		
深　圳						
厦　门	1			1		
新疆兵团	3	1	1	1		

各地区水产技术推广机构房屋条件情况(三)

单位:米²

地　区	培训教室面积					
	合　计	省级站	市级站	县级站	区域站	乡级站
全国总计	**97 505**	**8 965**	**5 078**	**29 718**	**750**	**52 994**
北　京	422	182		240		
天　津	366	30		336		
河　北	300			250	50	
黑龙江						
山　西	268		174	94		
内蒙古	547	355		192		
辽　宁	673	60		263	350	
吉　林	80	30	50			
山　东	8 831		115	3 246		5 470
上　海	1 987	1 062		365		560
江　苏	10 813	96	480	1 080		9 157
浙　江	13 897	4 718	550	2 854	80	5 695
安　徽	7 037	50	30	1 387		5 570
福　建	10 063		285	2 658		7 120
江　西	7 278	400		2 339		4 539
河　南	2 376		224	2 152		
湖　北	6 642		738	1 874		4 030
湖　南	4 349	70	103	1 766		2 410
广　东	7 420	200	1 382	2 053		3 785
广　西	4 389	270	53	1 488		2 578
海　南	50		50			
重　庆	1 699	80		659		960
四　川	3 162	20	170	1 582	270	1 120
贵　州	490			490		
云　南	614	120	134	360		
西　藏						
陕　西	1 117	120	165	832		
甘　肃	205		135	70		
青　海	290	200		90		
宁　夏	332	75		257		
新　疆	545	125	180	240		
大　连	70			70		
青　岛						
宁　波	846	576		270		
深　圳						
厦　门	80			80		
新疆兵团	267	126	60	81		

各地区水产技术推广机构房屋条件情况(四)

单位:个

地　　区	实验室数量					
	合　计	省级站	市级站	县级站	区域站	乡级站
全国总计	**1 925**	**106**	**298**	**1 191**	**29**	**301**
北　　京	9	2		7		
天　　津	42	5		17		20
河　　北	28	1	6	16	5	
黑 龙 江	22	1		21		
山　　西	9		5	4		
内 蒙 古	13	1	4	8		
辽　　宁	36	1	7	24	4	
吉　　林	48	1	6	41		
山　　东	56	1	8	45		2
上　　海	54	42		11		1
江　　苏	229	2	16	56	6	149
浙　　江	68		9	41		18
安　　徽	105	14	8	38	4	41
福　　建	68	1	8	59		
江　　西	115	1	1	93	1	19
河　　南	43		10	33		
湖　　北	92	1	10	80		1
湖　　南	32	1	11	20		
广　　东	156	1	23	86		46
广　　西	65	6	11	45		3
海　　南	21	1	10	10		
重　　庆	19	1		18		
四　　川	90		3	78	9	
贵　　州	12		1	11		
云　　南	26	1	6	19		
西　　藏						
陕　　西	398	11	120	267		
甘　　肃	6	1	3	2		
青　　海	6	1		5		
宁　　夏	10	1	3	6		
新　　疆	17	2	3	12		
大　　连	7	1		6		
青　　岛	6		2	3		1
宁　　波	7	2		5		
深　　圳	1	1				
厦　　门	4		1	3		
新疆兵团	5	1	3	1		

各地区水产技术推广机构房屋条件情况(五)

单位:米²

地　区	实验室面积					
	合　计	省级站	市级站	县级站	区域站	乡级站
全国总计	**165 668**	**31 199**	**25 864**	**94 383**	**845**	**13 377**
北　京	4 862	3 528		1 334		
天　津	1 432	140		692		600
河　北	3 866	1 600	153	2 083	30	
黑龙江	943	628		315		
山　西	1 694		810	884		
内蒙古	1 914	1 350	230	334		
辽　宁	5 885	1 260	1 835	2 690	100	
吉　林	2 627	200	1 287	1 140		
山　东	9 875	80	2 627	7 096		72
上　海	1 831	1 122		694		15
江　苏	17 116	817	2 893	8 569	120	4 717
浙　江	16 894	6 241	2 014	8 170		469
安　徽	11 078	1 080	290	8 203	445	1 060
福　建	6 375	203	872	5 300		
江　西	7 624	990	16	6 006	60	552
河　南	3 679	900	467	2 312		
湖　北	8 432	30	1 004	7 378		20
湖　南	3 740	600	944	2 196		
广　东	17 036	120	3 342	7 984		5 590
广　西	6 348	270	695	5 141		242
海　南	1 782	840	444	498		
重　庆	3 600	915		2 685		
四　川	4 250		2 505	1 655	90	
贵　州	1 794		28	1 766		
云　南	1 922	231	264	1 427		
西　藏						
陕　西	2 167	300	718	1 148		
甘　肃	785	429	221	135		
青　海	924	700		224		
宁　夏	2 356	1 200	427	729		
新　疆	2 653	1 200	765	688		
大　连	5 002	2 340		2 662		
青　岛	1 355		550	765		40
宁　波	2 037	1 369		668		
深　圳	372	372				
厦　门	1 050		300	750		
新疆兵团	369	144	163	62		

各地区水产技术推广机构房屋条件情况（六）

单位：万元

地　区	实验室设备原值					
	合　计	省级站	市级站	县级站	区域站	乡级站
全国总计	**114 741.4**	**41 327.7**	**20 858.1**	**47 331.1**	**304.0**	**4 920.6**
北　京	5 288.3	3 776.8		1 511.4		
天　津	530.5	160.0		320.5		50.0
河　北	3 343.3	1 800.0	701.1	782.2	60.0	
黑龙江	810.0	600.0		210.0		
山　西	384.0		216.6	167.4		
内蒙古	1 101.2	938.0	51.8	111.5		
辽　宁	3 765.7	1 400.0	1 160.8	1 195.9	9.0	
吉　林	1 525.5	150.0	830.0	545.5		
山　东	5 947.0	550.0	1 470.5	3 926.6		
上　海	1 921.2	1 243.0		677.9		0.3
江　苏	9 840.7	1 050.0	1 397.5	5 966.2	7.0	1 420.0
浙　江	12 265.9	6 000.0	1 084.6	4 860.3		321.0
安　徽	3 716.8	641.2	187.9	2 566.8	128.0	193.0
福　建	5 060.1	255.0	2 758.9	2 046.2		
江　西	3 911.9	800.0	8.0	2 938.9	90.0	75.0
河　南	2 545.3	1 000.0	90.4	1 454.9		
湖　北	2 691.9	20.0	356.5	2 315.4		
湖　南	2 780.3	700.0	279.3	1 801.0		
广　东	10 553.6	480.0	3 901.2	3 377.2		2 795.3
广　西	3 093.6	58.8	834.0	2 144.8		56.0
海　南	11 093.6	10 003.0	864.5	226.1		
重　庆	1 938.6	1 062.0		876.6		
四　川	1 978.4		1 067.0	901.4	10.0	
贵　州	644.0		26.0	618.0		
云　南	748.0	65.1	138.4	544.5		
西　藏						
陕　西	1 218.0	187.1	487.2	543.7		
甘　肃	446.0	300.0	113.5	32.5		
青　海	1 265.4	1 238.4		27.0		
宁　夏	1 089.6	450.0	198.6	441.0		
新　疆	1 328.3	714.2	174.1	440.0		
大　连	5 217.2	3 200.0		2 017.2		
青　岛	1 274.4		1 000.0	264.4		10.0
宁　波	2 351.3	1 751.0		600.3		
深　圳	532.0	532.0				
厦　门	2 181.0		1 305.0	876.0		
新疆兵团	359.2	202.2	155.0	2.0		

各地区水产技术推广机构信息平台情况

地区	网站(个)	手机平台(户)	电话热线(条)	技术简报(个)
全国总计	**701**	**4 821**	**41 045**	**2 161**
北京	1	8	12	7
天津	1	28	1 639	1
河北	16	32	111	17
黑龙江			4 650	
山西	6	48	1 254	6
内蒙古	8	52	210	13
辽宁	5	104	83	48
吉林	5	677	716	33
山东	62	807	10 970	104
上海	3	21	41	10
江苏	64	446	741	159
浙江	61	162	319	34
安徽	55	204	670	93
福建	27	108	748	71
江西	40	223	1 439	37
河南	20	174	2 075	234
湖北	21	107	234	337
湖南	12	326	1 360	48
广东	42	144	1 778	40
广西	4	186	395	51
海南	3	31	58	31
重庆	6	90	90	57
四川	9	215	1 772	221
贵州	86	148	7 927	362
云南	114	239	193	80
西藏				
陕西	8	128	981	11
甘肃	2	14	191	13
青海	1	22	183	7
宁夏	7	28	39	24
新疆	2	7	89	2
大连	3	4	21	5
青岛	3	22	27	1
宁波	3	7	9	4
深圳	1	1	1	
厦门				
新疆兵团		8	19	

各地区水产技术推广履职成效情况(一)

地区	示范关键技术(个)	检验检测(批次)	指导面积(公顷)	服务对象		
				农户(户)	企业(个)	合作组织(个)
全国总计	**4 304**	**190 836**	**3 654 456.8**	**1 226 241**	**20 526**	**22 524**
北京	25	28 000	10 842.2	936	41	13
天津	37	6 694	24 259.6	7 474	183	123
河北	102	7 548	95 447.9	11 826	533	187
黑龙江	219	460	20 114.9	43 909	241	341
山西	28	285	3 357.8	721	45	102
内蒙古	30	635	86 078.4	3 545	149	163
辽宁	115	8 200	73 688.0	6 829	634	126
吉林	115	2 370	97 800.0	4 878	249	739
山东	392	5 573	456 090.1	59 823	1 450	1 082
上海	35	2 231	11 856.9	5 521	47	322
江苏	358	27 845	506 552.2	134 779	2 140	2 975
浙江	338	6 926	173 005.2	38 120	1 548	1 032
安徽	279	3 069	382 149.7	33 959	1 458	1 558
福建	176	7 731	93 281.9	28 452	1 700	927
江西	166	1 890	214 253.0	53 626	1 166	1 464
河南	166	1 735	145 441.9	54 808	270	774
湖北	419	9 199	493 528.3	155 505	1 268	3 752
湖南	110	3 541	114 050.0	38 763	767	607
广东	152	24 284	124 873.9	67 258	1 355	518
广西	203	6 804	98 907.5	83 991	1 203	1 355
海南	7	775	10 137.0	5 054	229	70
重庆	83	1 649	48 255.4	130 749	988	559
四川	190	4 366	86 130.6	73 404	682	1 796
贵州	76	951	51 790.8	127 402	666	478
云南	138	929	66 866.6	36 131	316	287
西藏						
陕西	82	6 830	21 311.7	6 294	460	483
甘肃	75	159	4 051.6	2 398	217	233
青海	3	175	83.9	9	10	47
宁夏	74	1 058	47 333.3	1 994	61	150
新疆	22	726	28 643.9	1 303	108	114
大连	13	3 450	3 800.0	233	45	4
青岛	16	280	21 937.0	1 682	138	76
宁波	43	13 955	20 057.0	4 181	103	39
深圳	1	113	300.0	25	23	5
厦门	1	300	2.0	120	8	
新疆兵团	15	100	18 176.6	539	25	23

各地区水产技术推广履职成效情况(二)

地区	渔民技术培训		推广人员培训		公共信息服务		
	期数(期)	人数(人次)	业务培训(人次)	学历教育(人次)	信息覆盖用户(户)	发布公共信息(条)	发放技术资料(份)
全国总计	**15 894**	**1 072 137**	**58 772**	**3 246**	**1 345 306**	**6 994 613**	**5 610 341**
北　京	62	2 951	432		1 525	35 965	18 814
天　津	89	4 495	618	100	6 926	1 959	10 860
河　北	273	16 516	943	108	3 925	5 122	42 950
黑龙江	366	21 957	1 762	141	135 395	5 597	97 744
山　西	66	2 281	575	3	752	1 884	20 102
内蒙古	153	7 563	935	88	1 886	12 937	28 062
辽　宁	176	10 145	1 565	39	7 398	90 086	69 969
吉　林	164	7 280	2 494	60	16 228	40 900	27 200
山　东	1 501	95 312	4 855	413	157 161	50 865	617 058
上　海	220	10 608	804	10	4 221	635	42 466
江　苏	2 845	186 376	7 965	189	128 328	430 377	813 332
浙　江	754	44 394	4 945	260	53 420	135 764	97 353
安　徽	667	53 902	3 336	227	69 192	96 834	228 868
福　建	435	20 578	2 936	83	101 730	2 834 605	121 334
江　西	645	37 242	772	128	35 962	53 579	227 817
河　南	555	58 096	1 254	220	28 564	167 499	474 893
湖　北	1 395	130 379	2 252	120	282 752	705 582	670 105
湖　南	654	38 467	1 744	216	37 565	181 327	183 888
广　东	765	57 579	3 336	149	63 640	1 048 039	208 426
广　西	700	47 538	4 432	216	82 409	178 287	225 563
海　南	88	7 736	111	5	2 556	2 068	17 171
重　庆	376	17 580	992	92	24 553	605 361	142 896
四　川	933	77 683	2 448	76	44 412	100 538	610 753
贵　州	395	28 266	2 984	41	13 062	39 393	153 054
云　南	739	44 970	1 145	24	22 042	26 082	151 829
西　藏							
陕　西	196	10 307	1 078	96	4 481	34 825	146 716
甘　肃	221	7 012	862	79	1 140	1 111	68 859
青　海	29	895	75	6	413	5 500	4 545
宁　夏	208	9 278	435	13	2 966	17 263	35 540
新　疆	47	1 510	102	12	2 325	216	14 830
大　连	37	1 561	87	9	863	10 579	4 565
青　岛	32	2 434	54	8	1 834	7 754	12 000
宁　波	81	5 091	380		4 162	40 635	9 333
深　圳	7	2 522	35		375	13 326	5 865
厦　门	6	1 000	24	15	600	12 000	4 000
新疆兵团	14	633	5		543	119	1 581

各地区水产技术推广机构技术成果

地　　区	技术成果数量（个）	审定新品种（个）	获奖情况（个）				获得专利（项）	发表论文（篇）	制定标准/规范（个）	出版图书（本）
			国家级	省部级	市厅级	县级				
全国总计	**191**	**11**	**14**	**83**	**105**	**84**	**133**	**1480**	**254**	**80**
北　　京	5							36		2
天　　津	3					2	8	11		
河　　北	4			2	2		3	39	9	6
黑 龙 江				1	4			111		
山　　西									8	
内 蒙 古	3			1				18	6	
辽　　宁	18			2	3		1	28	7	1
吉　　林			2	20				17	3	
山　　东	8			1	13		7	48	5	
上　　海	11			1			13	49		3
江　　苏	7			7	23	1	6	205	51	3
浙　　江	24			5	3	15	1	63	20	5
安　　徽	6			5		1	9	75	8	2
福　　建	10			4	1		3	72	15	3
江　　西	8			3	16		2	52	6	3
河　　南	5				7	19		78		5
湖　　北	11	1	5	4	1	2	3	42	29	8
湖　　南	16	4		3	10	19		116	22	20
广　　东	14	2	1	3	12		3	50	17	1
广　　西	2			2	1		6	45	10	2
海　　南	2						1	7	1	2
重　　庆	1			1		18	4	52	9	3
四　　川	1			4			3	13	3	2
贵　　州	3		2	9	2	2	48	64	7	
云　　南	1			1	1	1		56	6	5
西　　藏										
陕　　西	2	3	2		2	3		30	1	
甘　　肃	1				1		3	33	1	1
青　　海								2		
宁　　夏	2		2	3	1			15	4	3
新　　疆				1			3	20	1	
大　　连	4						2	7	1	
青　　岛						1		2	1	
宁　　波	15				1		4	18	2	
深　　圳								5		
厦　　门	1	1			1					
新疆兵团	3							1	1	

第七部分

灾　　害

各地区渔业灾情造成的经济损失(一)

单位:万元

地 区	1.水产品损失					
	小 计	台风、洪涝	病 害	干 旱	污 染	其 他
全国总计	**1 466 256.06**	**847 800.52**	**340 508.60**	**78 413.55**	**59 202.21**	**140 331.18**
北 京	1 127.00		1 127.00			
天 津	1 018.00		1 018.00			
河 北	20 856.70	953.00	3 403.90	4.80	1 300.00	15 195.00
山 西	20.00		3.00	17.00		
内 蒙 古	829.00		38.00	745.00		46.00
辽 宁	22 311.00	9 396.00	665.00	5 250.00	7 000.00	
吉 林	3 843.00	3 117.00		726.00		
黑 龙 江	1 294.00	1 294.00				
上 海	2 244.20	365.00	1 680.00		199.20	
江 苏	132 894.00	38 560.00	47 312.00	8 237.00	6 682.00	32 103.00
浙 江	50 692.00	16 810.00	31 242.00	1 011.00	1 277.00	352.00
安 徽	80 651.34	41 728.93	19 366.44	9 093.01	9 186.48	1 276.48
福 建	46 103.00	21 164.00	11 537.00	1 478.00	10 030.00	1 894.00
江 西	184 226.20	99 785.36	63 151.40	10 404.99	3 801.12	7 083.33
山 东	74 040.00	11 074.00	19 959.00	15 014.00	13 549.00	14 444.00
河 南	6 726.00	2 365.00	3 347.00		731.00	283.00
湖 北	148 436.00	114 187.00	22 196.00	10 007.00	717.00	1 329.00
湖 南	386 626.00	367 512.00	5 804.00	11 752.00	454.00	1 104.00
广 东	178 170.29	77 852.71	37 477.75	787.90	3 321.38	58 730.55
广 西	27 560.17	17 387.93	6 767.34	129.70	108.20	3 167.00
海 南	59 352.20	4 228.80	54 768.40		52.00	303.00
重 庆	5 357.00	2 145.00	1 392.00	171.00	176.00	1 473.00
四 川	8 043.50	3 752.00	3 601.10	378.80	52.30	259.30
贵 州	8 451.71	7 330.24	293.50	799.95	1.00	27.02
云 南	11 968.55	5 596.80	3 260.05	1 700.00	432.10	979.60
西 藏						
陕 西	1 775.00	1 120.00	65.00	320.00	20.00	250.00
甘 肃	444.50	20.75	417.52	2.90	1.43	1.90
青 海						
宁 夏	163.20		163.20			
新 疆	1 032.50	55.00	453.00	383.50	111.00	30.00

各地区渔业灾情造成的经济损失(二)

单位:万元

地 区	2.(台风、洪涝)损毁渔业设施							
	小 计	池 塘	网箱(鱼排)	围 栏	沉 船	船 损	堤 坝	泵 站
全国总计	**269 310.85**	**138 879.05**	**35 374.67**	**4 609.96**	**2 969.48**	**4 736.32**	**21 052.14**	**5 930.90**
北 京								
天 津								
河 北	52.00	50.00						
山 西								
内蒙古								
辽 宁	2 655.00	1 530.00			30.00		385.00	
吉 林	1 060.00	1 000.00						
黑龙江	108.00	108.00						
上 海	92.00					17.00		
江 苏	6 303.00	2 407.00	170.00	722.00	1.00	1.00	47.00	85.00
浙 江	3 743.00	1 354.00	372.00	130.00	312.00	187.00	442.00	
安 徽	13 877.35	7 250.21	1 880.42	2 933.16		23.68	887.52	25.00
福 建	10 843.00	3 289.00	4 313.00		550.00	935.00	170.00	
江 西	28 935.85	18 052.14	2 306.75	408.00	30.68	152.64	4 133.20	42.90
山 东	3 229.00	1 834.00	320.00	5.00		104.00	250.00	2.00
河 南	357.00	250.00	60.00	27.00			20.00	
湖 北	27 627.00	17 270.00			10.00	106.00	2 794.00	349.00
湖 南	71 922.00	36 219.00	2 600.00		163.00	964.00	9 613.00	251.00
广 东	63 012.43	39 192.48	3 014.00	65.00	1 631.00	1 396.00	1 554.72	4 655.00
广 西	4 023.89	1 130.60	738.40	9.80	5.00		165.29	
海 南	22 962.80	3 831.00	18 030.00		232.80	815.00		
重 庆	1 025.00	828.00		5.00	4.00	9.00	172.00	
四 川	1 807.10	1 583.10					3.00	
贵 州	2 282.60	758.00	380.80	25.00		1.00	14.00	
云 南	2 523.10	824.10	1 006.90				157.50	521.00
西 藏								
陕 西	813.00	78.00	180.00	280.00		25.00	230.00	
甘 肃	54.33	40.42					13.91	
青 海								
宁 夏								
新 疆	2.40		2.40					

各地区渔业灾情造成的经济损失(三)

单位:万元

地　区	2.(台风、洪涝)损毁渔业设施(续)							直接经济损失合计
	涵　闸	码　头	护　岸	防波堤	工厂化养殖	苗种繁育场	其　他	
全国总计	**3 602.20**	**4 660.60**	**4 542.98**	**6 209.70**	**9 958.00**	**7 091.00**	**19 693.85**	**1 735 566.91**
北　京								1 127.00
天　津								1 018.00
河　北			2.00					20 908.70
山　西								20.00
内蒙古								829.00
辽　宁		100.00	150.00		10.00		450.00	24 966.00
吉　林					60.00			4 903.00
黑龙江								1 402.00
上　海							75.00	2 336.20
江　苏	47.00	3.00	8.00	15.00	1 442.00	275.00	1 080.00	139 197.00
浙　江		480.00	194.00	149.00	3.00	20.00	100.00	54 435.00
安　徽	37.00		134.00			51.00	655.36	94 528.69
福　建	12.00	60.00	50.00	221.00	56.00	371.00	816.00	56 946.00
江　西	168.20	62.60	361.98	309.00	313.00	680.00	1 914.76	213 162.05
山　东	303.00	2.00			33.00	376.00		77 269.00
河　南								7 083.00
湖　北	277.00	300.00	555.00	5.00	201.00	494.00	5 266.00	176 063.00
湖　南	350.00	2 497.00	2 460.00	323.00	7 290.00	4 515.00	4 677.00	458 548.00
广　东	2 401.00	1 156.00	628.00	4 617.00		35.50	2 666.73	241 182.72
广　西				542.70		86.50	1 345.60	31 584.06
海　南							54.00	82 315.00
重　庆	2.00						5.00	6 382.00
四　川						1.00	220.00	9 850.60
贵　州				28.00	550.00	186.00	339.80	10 734.31
云　南	5.00						8.60	14 491.65
西　藏								
陕　西							20.00	2 588.00
甘　肃								498.83
青　海								
宁　夏								163.20
新　疆								1 034.90

各地区渔业灾情造成的数量损失(一)

地区	1.受灾养殖面积(公顷)						2.水产品损失(吨)		
	小计	台风、洪涝	病害	干旱	污染	其他	小计	台风、洪涝	病害
全国总计	**719 601**	**377 999**	**159 281**	**123 600**	**18 818**	**39 903**	**956 864**	**598 447**	**205 683**
北京	550		550				337		337
天津	930		930				830		830
河北	3 275	372	1 362	2	168	1 371	6 116	2 967	1 311
山西	9		5	4			8		2
内蒙古	1 700		3	1 365		332	436		10
辽宁	50 261	1 787	108	46 666	1 700		9 814	7 049	515
吉林	37 360	3 711		33 649			3 787	3 182	
黑龙江	36	36					1 077	1 077	
上海	645	24	598		23		1 150	87	1 027
江苏	61 401	17 604	25 418	6 019	5 200	7 160	53 545	15 555	23 335
浙江	16 365	5 632	8 878	1 071	249	535	35 395	23 938	10 150
安徽	59 830	33 905	13 950	6 441	3 439	2 095	64 451	33 088	15 675
福建	7 250	2 919	1 495	492	2 270	74	54 236	27 887	8 091
江西	115 286	59 736	47 126	5 293	1 198	1 933	183 594	101 988	62 299
山东	24 047	1 621	7 883	7 254	1 701	5 588	61 444	10 216	19 536
河南	5 041	1 338	2 899		478	326	7 607	2 675	3 827
湖北	59 089	42 285	14 595	1 363	485	361	127 054	100 408	14 871
湖南	146 992	120 804	14 466	11 048	84	590	184 015	171 846	4 388
广东	72 923	43 229	10 426	261	1 258	17 749	113 277	70 473	26 394
广西	35 669	30 403	3 396	529	161	1 180	19 482	10 244	5 457
海南	794	649	95		35	15	4 939	3 592	440
重庆	2 169	670	1 093	110	33	263	4 394	1 834	1 526
四川	2 758	1 229	1 176	243	8	102	5 018	2 026	2 631
贵州	7 826	7 285	42	489	1	9	3 158	2 685	137
云南	3 915	2 086	1 071	499	66	193	8 860	4 611	2 032
西藏									
陕西	990	660	180	120	10	20	1 526	960	180
甘肃	89	10	73	4	1	1	160	13	141
青海									
宁夏	353		353				159		159
新疆	2 048	4	1 110	678	250	6	995	46	382

各地区渔业灾情造成的数量损失(二)

地 区	2.水产品损失(吨)(续)			3.(台风、洪涝)损毁渔业设施					
	干 旱	污 染	其 他	池塘(公顷)	网箱(鱼排)(箱)	围栏(千米)	沉船(艘)	船损(艘)	堤坝(米)
全国总计	**67 469**	**47 297**	**37 968**	**87 854**	**80 674**	**11 071**	**164**	**1 221**	**522 832**
北 京									
天 津									
河 北	4	540	1 294	22					
山 西	6								
内蒙古	378		48						
辽 宁	1 750	500		245			1	1	420
吉 林	605			262					
黑龙江				36					
上 海		36						3	
江 苏	5 191	6 623	2 841	1 941		3 678	1	5	3 282
浙 江	693	236	378	597	458	2	2	81	12 032
安 徽	7 662	6 825	1 201	3 949	15 955	3 120		20	11 935
福 建	1 548	15 768	942	675	4 674		17	99	350
江 西	10 590	4 014	4 703	4 974	8 955	1 146	22	133	30 138
山 东	19 716	8 330	3 646	652	293	1		32	460
河 南		812	293	70	500	2 000			200
湖 北	9 844	466	1 465	15 961			8	124	271 760
湖 南	6 286	118	1 377	48 190	20 160		84	567	172 333
广 东	411	1 662	14 337	6 943	11 157	1 109	19	94	5 831
广 西	151	78	3 552	1 499	1 656	4	4		9 139
海 南		603	304	556	3 826		1	47	
重 庆	225	253	556	115		1	5	9	1 256
四 川	178	5	178	758					20
贵 州	334		2	261	795				2 000
云 南	1 247	272	698	84	11 792				1 116
西 藏									
陕 西	256	10	120	60	450	10		6	560
甘 肃	4	1	1	4					
青 海									
宁 夏									
新 疆	390	145	32		3				

各地区渔业灾情造成的数量损失(三)

地区	3.(台风、洪涝)损毁渔业设施(续)							4.人员损失(人)			
	泵站(座)	涵闸(座)	码头(米)	护岸(米)	防波堤(米)	工厂化养殖(座)	苗种繁育场(个)	小计	失踪	死亡	重伤
全国总计	**5 682**	**2 394**	**6 236**	**105 922**	**25 759**	**31**	**125**	**58**	**26**	**25**	**7**
北　京											
天　津											
河　北				1 000							
山　西											
内蒙古											
辽　宁			500	2 000		1		33	24	9	
吉　林											
黑龙江											
上　海								2		1	1
江　苏		2	6	806	82						
浙　江	1		418	1 715	343	1	6	12	2	5	5
安　徽	1	7		5 020			9				
福　建		1	70	80	476	2	11	6		5	1
江　西	2	43	908	36 488	3 519	8	7				
山　东		2	3	302		2					
河　南											
湖　北		367	320	20 990	523	3	19				
湖　南	982	55	3 306	35 493	1 085	12	56				
广　东	4 691	1 911	705	2 028	5 531	1	11				
广　西					13 180		3				
海　南								5		5	
重　庆		3									
四　川							1				
贵　州					1 020	1	2				
云　南	3	3									
西　藏											
陕　西	2										
甘　肃											
青　海											
宁　夏											
新　疆											

附　　录

附录 1

水产品产量数据调整说明

1. 根据第二次农业普查结果调整水产品产量数据说明

第二次全国农业普查结束后，按照国家统计局要求，原农业部对 2006 年渔业统计数据进行了调整。调整以农业普查水产养殖面积调查结果为依据，以各省（自治区、直辖市）2006 年的养殖单产水平、养殖结构为参考依据，综合测算各省（自治区、直辖市）水产品产量调减比例，核定 2006 年水产品产量；并以此为基数，参考渔业统计年报中各年度间的产量调整比例，对 1997—2005 年的水产品产量数据进行了相应调整。

2. 根据第三次农业普查结果调整水产品产量数据说明

第三次全国农业普查结束后，农业农村部联合国家统计局对 2016 年渔业统计数据进行了调整。调整以农业普查结果为依据，对各省（自治区、直辖市）2016 年水产养殖面积进行适当核定修正，并以各省（自治区、直辖市）2016 年水产养殖面积、从业人员、水产苗种等指标数据为参考依据，综合测算核定各省（自治区、直辖市）2016 年水产品产量；并以此为基数，参考渔业统计年报中各年度间的产量调整比例，对 2012—2015 年的水产品产量数据进行了相应调整。

附录 2

调整后历年产量对照表

单位：万吨

年 份	调整前	调整后	其 中				
			海洋捕捞	远洋渔业	海水养殖	淡水捕捞	淡水养殖
1986	935.76	935.76	430.22	1.99	150.08	58.32	295.15
1987	1 091.93	1 091.93	479.91	6.39	192.61	64.61	348.41
1988	1 225.32	1 225.32	504.66	9.64	249.29	71.98	389.75
1989	1 332.58	1 332.58	548.33	10.71	275.73	80.78	417.03
1990	1 427.26	1 427.26	594.40	17.09	284.22	85.64	445.91
1991	1 572.99	1 572.99	644.35	32.35	333.31	100.39	462.59
1992	1 824.46	1 824.46	720.84	46.43	424.31	99.09	533.79
1993	2 152.31	2 152.31	795.53	56.22	540.23	112.07	648.26
1994	2 515.69	2 515.69	925.61	68.83	604.80	126.79	789.66
1995	2 953.04	2 953.04	1 054.07	85.68	721.51	151.02	940.76
1996	3 280.72	3 280.72	1 152.99	92.65	765.89	175.43	1 093.76
1997	3 601.78	**3 118.59**	1 092.73	103.70	691.66	163.45	1 067.04
1998	3 906.65	**3 382.66**	1 201.25	91.31	751.99	197.51	1 140.60
1999	4 122.43	**3 570.15**	1 203.46	89.91	851.89	197.95	1 226.94
2000	4 278.99	**3 706.23**	1 189.43	86.52	927.96	193.44	1 308.88
2001	4 382.09	**3 795.92**	1 155.64	88.49	989.38	186.23	1 376.20
2002	4 565.18	**3 954.86**	1 128.34	109.64	1 060.47	194.71	1 461.69
2003	4 706.11	**4 077.02**	1 121.20	115.77	1 095.86	213.28	1 530.92
2004	4 901.77	**4 246.57**	1 108.08	145.11	1 151.29	209.60	1 632.49
2005	5 101.65	**4 419.86**	1 111.28	143.81	1 210.81	220.97	1 733.00
2006	5 290.40	**4 583.60**	1 136.40	109.07	1 264.16	220.38	1 853.59
2007	4 747.52	4 747.52	1 136.03	107.52	1 307.34	225.64	1 970.99
2008	4 895.59	4 895.59	1 149.63	108.33	1 340.32	224.82	2 072.49
2009	5 116.40	5 116.40	1 178.61	97.72	1 405.22	218.39	2 216.46
2010	5 373.00	5 373.00	1 203.59	111.64	1 482.30	228.94	2 346.53
2011	5 603.21	5 603.21	1 241.94	114.78	1 551.33	223.23	2 471.93
2012	5 907.68	**5 502.14**	1 190.02	124.40	1 575.20	204.02	2 408.51
2013	6 172.00	**5 744.22**	1 191.99	135.70	1 664.65	204.17	2 547.69
2014	6 461.52	**6 001.92**	1 200.18	203.68	1 732.40	202.49	2 663.17
2015	6 699.64	**6 210.97**	1 216.81	218.93	1 796.56	199.34	2 779.34
2016	6 901.25	**6 379.48**	1 187.20	198.75	1 915.31	200.33	2 877.89

注：根据第二次全国农业普查结果调整了 1997—2006 年产量，根据第三次全国农业普查结果调整了 2012—2016 年产量。

附录3　按照第三次农业普查结果调整后2016年各地区水产品产量

各地区水产品产量

单位:吨

地　区	2016年							
	总产量	1.养殖产品小计	海水养殖	淡水养殖	2.捕捞产品小计	海洋捕捞	远洋渔业	淡水捕捞
全国总计	**63 794 834**	**47 931 960**	**19 153 079**	**28 778 881**	**15 862 874**	**11 872 029**	**1 987 512**	**2 003 333**
北　京	54 288	37 423		37 423	16 865		13 514	3 351
天　津	326 624	270 702	11 334	259 368	55 922	36 403	13 217	6 302
河　北	1 194 099	840 772	511 372	329 400	353 327	247 836	47 591	57 900
山　西	52 209	51 138		51 138	1 071			1 071
内蒙古	158 298	128 995		128 995	29 303			29 303
辽　宁	4 799 595	3 915 700	3 085 500	830 200	883 895	553 000	285 495	45 400
吉　林	188 000	181 200		181 200	6 800			6 800
黑龙江	556 200	503 300		503 300	52 900			52 900
上　海	269 633	125 800		125 800	143 833	16 910	124 923	2 000
江　苏	5 082 179	4 207 989	904 173	3 303 816	874 190	548 142	20 100	305 948
浙　江	5 843 363	2 023 172	971 901	1 051 271	3 820 191	3 314 451	414 405	91 335
安　徽	2 141 800	1 862 600		1 862 600	279 200			279 200
福　建	7 111 323	4 871 671	4 159 869	711 802	2 239 652	1 882 107	290 445	67 100
江　西	2 417 617	2 194 139		2 194 139	223 478			223 478
山　东	8 899 622	6 391 610	5 127 840	1 263 770	2 508 012	1 884 600	529 512	93 900
河　南	947 600	895 500		895 500	52 100			52 100
湖　北	4 708 394	4 518 227		4 518 227	190 167			190 167
湖　南	2 383 888	2 288 600		2 288 600	95 288			95 288
广　东	8 182 894	6 551 546	2 905 208	3 646 338	1 631 348	1 464 998	45 150	121 200
广　西	3 074 737	2 324 509	1 196 180	1 128 329	750 228	643 000	5 728	101 500
海　南	1 921 289	627 607	279 702	347 905	1 293 682	1 280 582		13 100
重　庆	490 626	470 917		470 917	19 709			19 709
四　川	1 421 600	1 364 653		1 364 653	56 947			56 947
贵　州	246 500	234 900		234 900	11 600			11 600
云　南	601 487	548 206		548 206	53 281			53 281
西　藏	912	80		80	832			832
陕　西	159 000	151 780		151 780	7 220			7 220
甘　肃	15 333	15 333		15 333				
青　海	12 050	12 050		12 050				
宁　夏	174 591	174 175		174 175	416			416
新　疆	161 651	147 666		147 666	13 985			13 985
中农发集团	197 432				197 432		197 432	

各地区海水养殖产量(按品种分)(一)

单位:吨

地　区	海水养殖产量	1.鱼类	其中					
			鲈鱼	鲆鱼	大黄鱼	军曹鱼	鲕鱼	鲷鱼
全国总计	**19 153 079**	**1 308 917**	**137 901**	**117 580**	**159 529**	**37 065**	**23 074**	**72 181**
天　津	11 334	2 836	23	1 094				
河　北	511 372	8 827		3 537				
辽　宁	3 085 500	71 680	7 351	44 865			199	5
上　海								
江　苏	904 173	84 295	1 586	6 692				135
浙　江	971 901	36 723	8 053	104	8 760	48	46	2 935
福　建	4 159 869	343 085	28 978	4 426	140 960	262	3 543	32 541
山　东	5 127 840	131 721	12 815	53 929				1 258
广　东	2 905 208	477 989	69 615	2 933	9 809	28 163	18 551	28 482
广　西	1 196 180	49 041	6 323			58		4 052
海　南	279 702	102 720	3 157			8 534	735	2 773

各地区海水养殖产量(按品种分)(二)

单位:吨

地　区	1.鱼类(续)				2.甲壳类	(1)虾	其中	
	其中(续)							
	美国红鱼	河鲀	石斑鱼	鲽鱼			南美白对虾	斑节对虾
全国总计	**67 931**	**22 993**	**107 203**	**13 329**	**1 504 168**	**1 221 515**	**966 819**	**71 894**
天　津	50	60	755		8 498	8 498	8 468	
河　北		1 785		770	27 873	25 269	14 880	
辽　宁		3 684			37 634	32 741	11 493	
上　海								
江　苏		180	20	2 447	115 435	78 913	20 904	8 449
浙　江	7 605		479	75	96 715	50 463	32 603	741
福　建	17 559	8 307	27 737	1 205	184 228	113 033	86 461	5 936
山　东	3 536	4 567		5 023	148 807	123 582	83 170	970
广　东	29 233	4 410	45 203	3 809	489 908	428 518	365 047	50 770
广　西	5 360		2 163		268 719	251 588	250 509	1 064
海　南	4 588		30 846		126 351	108 910	93 284	3 964

各地区海水养殖产量(按品种分)(三)

单位:吨

地　区	2.甲壳类(续)					3.贝类
	(1)虾(续)		(2)蟹	其　中		
	其中(续)					
	中国对虾	日本对虾		梭子蟹	青蟹	
全国总计	**39 010**	**55 368**	**282 653**	**123 154**	**146 189**	**13 893 716**
天　津						
河　北	5 033	4 886	2 604	2 564		459 272
辽　宁	13 451	6 464	4 893	4 376		2 505 122
上　海						
江　苏	6 398	778	36 522	32 731	1 990	668 553
浙　江	512	724	46 252	18 969	25 354	783 761
福　建	4 530	11 335	71 195	31 586	33 763	2 658 820
山　东	9 086	25 429	25 225	23 774		4 052 422
广　东		5 737	61 390	9 154	51 664	1 854 509
广　西		15	17 131		17 131	875 814
海　南			17 441		16 287	35 443

各地区海水养殖产量(按品种分)(四)

单位:吨

地　区	3.贝类(续)								
	其　中								
	牡蛎	鲍	螺	蚶	贻贝	江珧	扇贝	蛤	蛏
全国总计	**4 660 434**	**134 741**	**239 357**	**354 391**	**862 829**	**17 191**	**1 849 887**	**4 120 650**	**799 282**
天　津									
河　北			1 576	27 212	1 643		389 520	37 319	
辽　宁	222 262	2 413		45 440	66 187		436 681	1 280 763	48 116
上　海									
江　苏	51 679		67 054	28 052	46 305		11	361 683	56 572
浙　江	164 616	161	11 142	146 287	123 743		683	68 570	265 082
福　建	1 680 378	108 342	4 623	53 159	93 567		8 615	366 391	254 473
山　东	872 797	15 399	17 534	2 096	444 225	80	911 159	1 441 138	161 799
广　东	1 131 271	8 305	85 942	44 822	75 502	17 111	97 792	296 468	11 911
广　西	533 775		41 943	3 301	11 657		2 479	258 468	1 329
海　南	3 656	121	9 543	4 022			2 947	9 850	

各地区海水养殖产量(按品种分)(五)

单位:吨

地区	4.藻类	其中					
		海带	裙带菜	紫菜	江蓠	麒麟菜	石花菜
全国总计	**2 107 060**	**1 433 087**	**151 953**	**131 285**	**286 583**	**5 114**	
天　津							
河　北							
辽　宁	323 754	217 491	106 263				
上　海							
江　苏	28 801	300	4	28 405			
浙　江	50 808	9 897		30 730	606		
福　建	942 340	667 241	696	63 921	166 666		
山　东	673 036	533 439	43 961	972	51 996		
广　东	73 228	4 719	1 029	7 257	55 501	2 000	
广　西							
海　南	15 093				11 814	3 114	

各地区海水养殖产量(按品种分)(六)

单位:吨

地区	4.藻类(续)		5.其他	其中			
	其中(续)						
	羊栖菜	苔菜		海参	海胆(千克)	海水珍珠(千克)	海蜇
全国总计	**18 365**	**354**	**339 218**	**202 951**	**10 039 605**	**2 925**	**79 342**
天　津							
河　北			15 400	10 172			4 051
辽　宁			147 310	73 713	2 665 259		68 304
上　海							
江　苏			7 089	708			2 661
浙　江	8 838	354	3 894	67			978
福　建	5 302		31 396	25 225			2 017
山　东	4 000		121 854	92 843	5 161 000		1 058
广　东	225		9 574	223	2 213 346	2 500	273
广　西			2 606			425	
海　南			95				

各地区海水养殖产量(按水域和养殖方式分)(一)

单位:吨

地　区	海水养殖产量	按养殖水域分			养殖方式中
		1.海上	2.滩涂	3.其他	1.池塘
全国总计	**19 153 079**	**10 873 852**	**6 088 559**	**2 190 668**	**2 296 196**
天　津	11 334			11 334	9 109
河　北	511 372	420 619	61 290	29 463	40 083
辽　宁	3 085 500	1 984 945	898 686	201 869	208 318
上　海					
江　苏	904 173	215 254	493 759	195 160	281 224
浙　江	971 901	348 935	352 593	270 373	223 934
福　建	4 159 869	2 750 126	1 094 025	315 718	311 502
山　东	5 127 840	3 601 264	1 327 796	198 780	227 364
广　东	2 905 208	1 062 060	1 225 723	617 425	588 438
广　西	1 196 180	407 556	512 524	276 100	222 963
海　南	279 702	83 093	122 163	74 446	183 261

各地区海水养殖产量(按水域和养殖方式分)(二)

单位:吨

地　区	养殖方式中(续)					
	2.普通网箱	3.深水网箱	4.筏式	5.吊笼	6.底播	7.工厂化
全国总计	**485 169**	**117 085**	**5 740 094**	**989 903**	**5 399 931**	**205 082**
天　津						2 225
河　北			406 844		29 606	11 365
辽　宁	4 739	3 262	939 857	61 791	1 445 278	45 060
上　海						
江　苏		170	107 458	1 414	454 737	14 983
浙　江	22 402	5 319	285 018	4 635	274 613	3 951
福　建	244 649	10 253	1 306 759	159 665	389 968	24 517
山　东	46 085	22 799	2 051 252	671 195	1 910 467	88 938
广　东	108 935	19 193	375 317	88 346	637 381	5 905
广　西	32 417	8 291	267 589	2 567	248 042	45
海　南	25 942	47 798		290	9 839	8 093

各地区淡水养殖产量(按品种分)(一)

单位:吨

地区	淡水养殖产量	1.鱼类	其中				
			青鱼	草鱼	鲢鱼	鳙鱼	鲤鱼
全国总计	**28 778 881**	**25 400 926**	**679 779**	**5 286 580**	**3 918 236**	**3 114 939**	**2 998 937**
北京	37 423	37 178	437	9 405	3 370	1 868	13 660
天津	259 368	222 615		24 194	31 929	11 169	98 568
河北	329 400	298 314	86	59 248	45 769	27 928	107 187
山西	51 138	50 694	214	16 586	7 329	4 395	15 643
内蒙古	128 995	126 463		16 802	20 939	16 278	49 357
辽宁	830 200	737 716	1 235	102 544	110 839	62 531	282 654
吉林	181 200	178 921	1 350	17 693	46 283	34 078	43 454
黑龙江	503 300	497 291		40 281	102 916	44 107	199 785
上海	125 800	99 276	4 593	14 474	12 218	9 031	576
江苏	3 303 816	2 461 607	88 595	429 446	468 112	244 855	150 280
浙江	1 051 271	770 375	52 452	95 417	139 701	104 359	33 532
安徽	1 862 600	1 514 626	81 038	263 944	271 176	270 713	102 962
福建	711 802	602 566	11 352	146 933	63 104	54 557	49 033
江西	2 194 139	1 984 066	49 376	462 108	244 906	337 428	137 805
山东	1 263 770	1 180 200	11 260	226 001	208 801	125 812	307 054
河南	895 500	872 951	9 028	139 965	211 602	147 646	250 421
湖北	4 518 227	3 770 893	212 286	918 312	554 064	435 179	166 524
湖南	2 288 600	2 150 296	81 477	650 723	399 176	348 124	166 567
广东	3 646 338	3 318 979	50 675	754 100	222 234	358 521	123 168
广西	1 128 329	1 100 141	11 086	258 210	191 245	144 088	127 469
海南	347 905	340 967	1 726	7 355	6 838	11 347	5 376
重庆	470 917	466 011	1 884	101 537	105 593	44 359	37 204
四川	1 364 653	1 349 458	1 960	240 882	291 230	157 268	171 143
贵州	234 900	232 711	1 479	56 997	22 187	34 050	62 982
云南	548 206	545 182	5 133	91 258	59 422	45 330	133 120
西藏	80	80		2	4		20
陕西	151 780	145 702	235	37 683	34 447	18 865	41 522
甘肃	15 333	15 266	822	4 739	1 335	361	4 439
青海	12 050	11 883		50	56		
宁夏	174 175	172 743		49 946	18 007	10 332	75 973
新疆	147 666	145 755		49 745	23 404	10 360	41 459

各地区淡水养殖产量(按品种分)(二)

单位:吨

地　区	1.鱼类(续)						
	其中(续)						
	鲫鱼	鳊鲂	泥鳅	鲶鱼	鮰鱼	黄颡鱼	鲑鱼
全国总计	**2 725 841**	**858 354**	**372 587**	**392 902**	**236 786**	**434 425**	**3 106**
北　京	2 019	961	44	88	66	19	
天　津	46 018	1 501	840	1 314	423	582	
河　北	30 088	490	2 828	231	143	81	3
山　西	1 432	174	13	265	13		5
内蒙古	17 030	798	798	1 804	5	97	
辽　宁	75 223	4 476	15 653	38 915	206	2 128	1 109
吉　林	20 911	1 752	1 629	2 642		1 277	133
黑龙江	80 100	715	3 229	4 533	24	2 308	
上　海	42 400	3 290	58	22	1 471	819	
江　苏	627 628	177 122	53 811	7 817	1 050	25 402	67
浙　江	96 389	31 959	11 655	2 076	1 059	65 568	50
安　徽	181 106	90 879	39 789	18 211	12 938	31 842	8
福　建	29 652	3 878	3 156	7 640	1 987	3 982	27
江　西	190 694	65 048	86 816	52 032	13 865	51 067	221
山　东	129 282	13 988	7 594	22 519	390	2 510	
河　南	52 155	12 022	11 651	12 914	11 088	2 060	
湖　北	412 345	282 377	41 049	24 690	26 992	130 648	
湖　南	174 974	94 321	17 131	30 717	41 012	28 425	
广　东	138 221	26 719	23 020	32 357	18 606	42 300	
广　西	31 040	1 517	2 427	26 192	10 190	4 500	
海　南	1 204		282	1 288			
重　庆	103 220	5 941	15 480	8 525	7 006	7 265	74
四　川	168 400	34 013	30 004	79 566	69 680	27 928	464
贵　州	8 269	2 116	1 778	6 529	13 983	2 017	105
云　南	35 403	829	991	6 967	1 656	575	356
西　藏	2						30
陕　西	5 024	451	502	865	654	666	25
甘　肃	847	66	3	20	7		334
青　海	22						
宁　夏	13 149	239	316	1 876	2 014	5	
新　疆	11 594	712	40	287	258	354	95

各地区淡水养殖产量(按品种分)(三)

单位:吨

地　区	1.鱼类(续)						
	其中(续)						
	鳟鱼	河鲀	短盖巨脂鲤	长吻鮠	黄鳝	鳜鱼	池沼公鱼
全国总计	**35 198**	**5 044**	**89 255**	**24 823**	**387 730**	**314 897**	**13 439**
北　京	1 465		16				
天　津							
河　北	1 675		37		8	9	5 061
山　西	1 386						5
内蒙古	85					2	727
辽　宁	4 770					1 899	410
吉　林	254					276	5 251
黑龙江	356					554	2
上　海					3	25	
江　苏		3 409	8 293	17	5 533	27 135	19
浙　江	71		84	3 647	849	12 487	4
安　徽	6	43	3 496	105	41 445	39 491	
福　建	236	491	3 160	122	710	1 491	
江　西	234		18 447	675	81 084	54 838	
山　东	225		1 472		1 390	2 415	
河　南	322		1 065		2 788	455	24
湖　北		6	68	2 059	201 877	68 636	
湖　南	553		7	138	33 537	21 076	
广　东		1 094	27 733	4 640	3 523	80 198	
广　西	216		23 663	576	1 205	134	
海　南			1 513		51		
重　庆	1 394		44	1 597	1 053	608	
四　川	1 571		15	9 596	11 760	2 626	
贵　州	1 100	1		1 534	243	33	36
云　南	4 115		117	117	311	18	70
西　藏	22						
陕　西	1 002		15		360	442	
甘　肃	1 755						4
青　海	10 055						1 700
宁　夏						33	
新　疆	2 330		10			16	126

各地区淡水养殖产量(按品种分)(四)

单位:吨

地区	1.鱼类(续)						2.甲壳类
	其中(续)						
	银鱼	鲈鱼	乌鳢	罗非鱼	鲟鱼	鳗鲡	
全国总计	**21 088**	**347 259**	**478 428**	**1 560 145**	**78 764**	**210 995**	**2 636 632**
北　京		5	14	1 189	2 552		14
天　津		763		1 919			36 499
河　北	161	247	129	10 757	5 646		27 592
山　西	66	20	400	754	906		119
内蒙古	140		1 135	73			698
辽　宁	544	78	3 000	1 602	1 190		83 386
吉　林	1 123	37	756	1	18		2 276
黑龙江	1 367	9	125	18			5 964
上　海		96					26 044
江　苏	71	35 528	30 122	3 431	1 064	6 300	772 838
浙　江	2	29 056	46 895	1 950	5 807	4 171	124 874
安　徽	4 521	5 390	33 203	4 021	249	3 181	257 921
福　建		8 570	1 816	108 669	3 421	73 324	63 246
江　西	1 642	20 408	60 050	6 136	3 184	15 447	103 410
山　东	2 192	520	90 342	7 901	11 642		74 992
河　南	2 529	615	1 935	1 141	1 264		15 731
湖　北	2 732	4 385	39 809	3 930	6 075	836	664 599
湖　南	1 325	3 085	48 340	2 615	6 813	160	77 557
广　东	199	216 445	102 562	715 039	2 390	105 803	281 624
广　西	422	508	1 762	223 068	859	176	2 653
海　南				301 896		1 564	1 515
重　庆		1 956	6 015	4 978	1 963		2 656
四　川	892	12 388	9 382	4 190	5 950		4 886
贵　州	202	5 481	245	5 507	5 811	26	1 142
云　南	452	148	53	148 145	8 624	7	633
西　藏							
陕　西	67	110	164	388	1 914		276
甘　肃			1	8	518		48
青　海							167
宁　夏		311	27		438		1 412
新　疆	439	1 100	146	819	466		1 860

各地区淡水养殖产量(按品种分)(五)

单位:吨

地　　区	2.甲壳类(续)						3.贝类	
	(1)虾	其　中				(2)蟹(河蟹)		其　中
		罗氏沼虾	青虾	克氏原螯虾	南美白对虾			河蚌
全国总计	**1 887 907**	**126 591**	**238 413**	**827 107**	**661 819**	**748 725**	**238 085**	**88 166**
北　　京	8				8	6		
天　　津	35 584		221		35 363	915		
河　　北	23 981		923	10	23 045	3 611		
山　　西	71		1	3	67	48		
内 蒙 古	193		115		63	505		
辽　　宁	12 855				12 410	70 531	2	2
吉　　林	537		38			1 739	3	3
黑 龙 江	40				40	5 924		
上　　海	18 780	2 962	232	90	14 026	7 264		
江　　苏	431 803	69 101	116 633	92 984	152 869	341 035	38 427	8 066
浙　　江	117 240	15 230	22 945	3 327	74 797	7 634	10 414	4 141
安　　徽	160 289	2 282	48 294	107 144	2 252	97 632	50 234	27 373
福　　建	62 246	1 190	1 290	201	58 973	1 000	29 983	3 492
江　　西	85 746	468	26 086	58 582	609	17 664	42 340	12 633
山　　东	58 683	257	1 607	2 635	42 203	16 309	1 585	835
河　　南	13 671	774	2 026	10 182	687	2 060	174	121
湖　　北	507 371	1 402	11 755	489 177	5 037	157 228	21 782	18 848
湖　　南	71 028	1 267	3 611	56 304	5 609	6 529	20 477	8 957
广　　东	275 235	30 219	1 525	110	230 928	6 389	15 475	2 590
广　　西	2 238	961	612	236	20	415	2 543	332
海　　南	1 515				1 359		135	
重　　庆	2 162	134	45	1 811	170	494	76	1
四　　川	4 370	108	179	3 915	78	516	3 736	633
贵　　州	482	135	99	238	10	660	125	59
云　　南	506	101	123	147	12	127	527	80
西　　藏								
陕　　西	178		2		161	98		
甘　　肃	12				2	36		
青　　海						167		
宁　　夏	332		2	7	323	1 080		
新　　疆	751		49	4	698	1 109	47	

各地区淡水养殖产量(按品种分)(六)

单位:吨

地　区	3.贝类(续) 其中(续) 螺	蚬	4.藻类(螺旋藻)	5.其他类	其中 龟	鳖	蛙	珍珠(千克)	6.观赏鱼(万尾)
全国总计	**100 884**	**21 823**	**7 320**	**495 918**	**44 326**	**331 694**	**85 572**	**1 588 753**	**397 884**
北　京				231	218	13			36 827
天　津				254	3	251			33 055
河　北				3 494		3 381			6 109
山　西				325		325			293
内蒙古			1 793	41					13
辽　宁				9 096			9 065		31 173
吉　林									30 015
黑龙江				45					
上　海				480	81	360	38		44 223
江　苏	25 298	4 961	1 092	29 852	1 669	24 386	1 660	181 112	85 689
浙　江	3 582	177	85	145 523	15 099	120 214	6 186	849	8 413
安　徽	21 698	1 163		39 819	5 592	29 471	3 553	345 343	7 100
福　建	2 446	8 531	753	15 254	457	5 488	7 866	3 041	2 440
江　西	25 149	3 547	2 971	61 352	6 237	27 108	26 137	861 242	9
山　东	658	35		6 993		6 993			32 988
河　南	43	10	170	6 474	74	6 292	108		25 220
湖　北	2 584	350		60 953	6 283	50 253	4 417		763
湖　南	10 341	281		40 270	2 061	21 578	12 353	197 166	502
广　东	3 463	2 597	18	30 242	3 184	12 895	4 130		21 986
广　西	1 971	170	61	22 931	2 139	18 074	515		16
海　南	135		15	5 273	282	602	3 567		1 000
重　庆	75			2 174	3	938	1 182		12 748
四　川	2 882			6 573	111	2 225	4 065		7 254
贵　州	65	1		922	808	13	100		505
云　南	447		362	1 502	19	23	627		5 353
西　藏									
陕　西				5 802	6	771			3 747
甘　肃				19		19			
青　海									
宁　夏				20		20			425
新　疆	47			4		1	3		18

各地区淡水养殖产量（按水域和养殖方式分）（一）

单位：吨

地　　区	淡水养殖产量	按水域分			
		1.池塘	2.湖泊	3.水库	4.河沟
全国总计	**28 778 881**	**20 964 868**	**1 477 606**	**3 329 324**	**806 744**
北　　京	37 423	33 308			
天　　津	259 368	249 833		4 654	1 540
河　　北	329 400	240 029	4 514	76 386	4 382
山　　西	51 138	34 632	696	15 567	103
内 蒙 古	128 995	73 890	22 579	28 652	3 380
辽　　宁	830 200	617 175	8	108 051	7 069
吉　　林	181 200	77 425	25 480	71 764	512
黑 龙 江	503 300	352 430	47 380	65 333	22 244
上　　海	125 800	121 576	230		3 828
江　　苏	3 303 816	2 511 271	187 172	78 619	219 101
浙　　江	1 051 271	479 770	5 131	92 433	76 610
安　　徽	1 862 600	1 135 195	330 081	151 286	109 169
福　　建	711 802	488 005	4 102	149 504	34 508
江　　西	2 194 139	1 385 805	255 444	380 046	65 189
山　　东	1 263 770	947 342	64 551	207 412	14 618
河　　南	895 500	693 579	9 060	167 893	20 487
湖　　北	4 518 227	3 695 562	316 762	189 067	14 197
湖　　南	2 288 600	1 757 915	119 237	244 407	24 832
广　　东	3 646 338	3 329 879	11 371	237 136	13 397
广　　西	1 128 329	628 841		375 235	71 444
海　　南	347 905	337 415	702	5 476	301
重　　庆	470 917	427 414		34 232	1 022
四　　川	1 364 653	697 246	993	229 956	76 446
贵　　州	234 900	44 873	368	130 617	5 170
云　　南	548 206	281 251	5 647	206 168	10 936
西　　藏	80	80			
陕　　西	151 780	88 800	3 070	40 100	2 500
甘　　肃	15 333	11 319	84	2 603	10
青　　海	12 050	149	154	11 747	
宁　　夏	174 175	109 760	61 493	1 853	698
新　　疆	147 666	113 099	1 297	23 127	3 051

各地区淡水养殖产量(按水域和养殖方式分)(二)

单位:吨

地　区	按水域分(续)		养殖方式中		
	5.其他	6.稻田	1.围栏	2.网箱	3.工厂化
全国总计	**571 978**	**1 628 361**	**454 148**	**1 196 381**	**175 668**
北　京	4 115				1 618
天　津	2 920	421			950
河　北	3 840	249	836	51 873	1 544
山　西		140	45	1 524	
内 蒙 古		494	1 242	612	225
辽　宁	44 768	53 129	1 292	47 923	1 236
吉　林	3 608	2 411	1 019	2 394	220
黑 龙 江	11 255	4 658	188	1 645	50
上　海		166			80
江　苏	117 944	189 709	39 608	68 951	16 009
浙　江	53 396	343 931	6 211	18 028	42 768
安　徽	36 596	100 273	202 303	81 726	9 278
福　建	23 380	12 303	1 166	19 352	40 493
江　西	39 253	68 402	27 775	69 068	13 505
山　东	27 786	2 061	33 520	53 496	24 577
河　南	2 822	1 659	5 210	55 246	2 822
湖　北	13 047	289 592	87 534	187 639	3 107
湖　南	44 000	98 209	30 739	119 963	2 018
广　东	52 255	2 300	736	6 983	616
广　西	34 480	18 329	8 320	145 908	
海　南	4 011		299	620	62
重　庆		8 249	1 340	443	668
四　川	9 159	350 853		31 594	1 003
贵　州	16 378	37 494	1 377	98 562	1 943
云　南	1 465	42 739	1 000	97 644	9 431
西　藏					
陕　西	17 150	160	2 388	23 658	525
甘　肃	1 316	1		216	586
青　海				10 047	
宁　夏		371			
新　疆	7 034	58		1 266	334

各地区海洋捕捞产量（按品种分）（一）

单位：吨

地　　区	海洋捕捞产量	1.鱼类	其中				
			海鳗	鳓鱼	鳀鱼	沙丁鱼	鲱鱼
全国总计	**11 872 029**	**8 208 458**	**375 618**	**82 838**	**816 161**	**139 441**	**16 514**
天　　津	36 403	33 202			27 165		
河　　北	247 836	147 134			58 462		
辽　　宁	553 000	330 280	459	268	51 359	2 698	7
上　　海	16 910	6 059	203	63			
江　　苏	548 142	298 897	7 918	2 443	2 643	244	32
浙　　江	3 314 451	2 228 327	79 722	13 360	78 275	13 749	3 114
福　　建	1 882 107	1 375 947	66 235	12 822	76 277	11 911	3 764
山　　东	1 884 600	1 319 886	19 474		471 053	5 709	
广　　东	1 464 998	1 051 909	90 888	27 167	32 978	67 241	4 455
广　　西	643 000	358 505	14 001	22 746		12 856	961
海　　南	1 280 582	1 058 312	96 718	3 969	17 949	25 033	4 181

各地区海洋捕捞产量（按品种分）（二）

单位：吨

地　　区	1.鱼类（续）							
	其中（续）							
	石斑鱼	鲷鱼	蓝圆鲹	白姑鱼	黄姑鱼	鮸鱼	大黄鱼	小黄鱼
全国总计	**125 485**	**164 968**	**575 815**	**102 378**	**72 808**	**69 372**	**79 543**	**296 321**
天　　津								2 567
河　　北	10				298	30	1 071	11 806
辽　　宁	1 577	11		575	1 622	300	24 315	60 412
上　　海					36	30	58	173
江　　苏	17	103	18	4 048	8 075	2 520	459	29 637
浙　　江	1 386	4 800	81 910	47 351	35 945	42 817	506	98 237
福　　建	17 798	56 475	255 431	10 068	8 407	9 751	3 284	8 910
山　　东		41		10 741	5 794	576	1 954	44 377
广　　东	45 846	48 913	102 431	22 996	5 785	6 322	32 912	26 008
广　　西	6 025	27 114	73 730	1 452	74	816		
海　　南	52 826	27 511	62 295	5 147	6 772	6 210	14 984	14 194

各地区海洋捕捞产量(按品种分)(三)

单位:吨

地　区	1.鱼类(续)							
	其中(续)							
	梅童鱼	方头鱼	玉筋鱼	带鱼	金线鱼	梭鱼	鲐鱼	鲅鱼
全国总计	**281 996**	**41 865**	**108 984**	**1 037 879**	**439 716**	**143 969**	**448 603**	**359 472**
天　津				221		210	930	367
河　北	301		180	2 577		12 708	8 264	14 411
辽　宁	3 371	39	3 438	6 514	28	12 161	19 269	37 156
上　海	111			272			5	157
江　苏	75 140	194	337	55 890		9 151	5 029	8 357
浙　江	176 388	15 294	30 661	409 118	3 574	6 200	178 252	76 336
福　建	20 064	4 448	18 826	151 476	9 772	16 569	129 078	49 993
山　东			37 499	51 442		28 073	45 169	138 502
广　东	3 838	9 040	2 629	153 815	89 260	26 436	33 396	26 371
广　西		45		31 296	35 485	10 618	13 627	2 185
海　南	2 783	12 805	15 414	175 258	301 597	21 843	15 584	5 637

各地区海洋捕捞产量(按品种分)(四)

单位:吨

地　区	1.鱼类(续)					2.甲壳类		
	其中(续)						(1)虾	其中
	金枪鱼	鲳鱼	马面鲀	竹荚鱼	鲻鱼			毛虾
全国总计	**49 558**	**330 376**	**169 296**	**38 661**	**103 894**	**2 181 850**	**1 434 420**	**469 430**
天　津						1 115	774	62
河　北		3 432	25		6 811	49 078	34 122	8 832
辽　宁	102	2 186	377	27	5 002	100 180	68 801	16 933
上　海	2	170		67		10 692	1 366	
江　苏		33 384	1 169		11 607	158 405	52 609	27 423
浙　江	5 468	90 253	23 651	2 069	22 842	879 065	638 470	208 868
福　建	2 616	61 330	45 267	11 145	20 810	328 232	189 639	58 042
山　东		18 039	2 125	7		209 180	178 067	62 753
广　东	20 871	68 022	46 319	5 098	14 467	239 170	157 460	43 319
广　西		12 049	29 457	420	8 533	130 810	73 699	29 772
海　南	20 499	41 511	20 906	19 828	13 822	75 923	39 413	13 426

各地区海洋捕捞产量（按品种分）（五）

单位：吨

地　区	2.甲壳类（续）						
	（1）虾（续）			（2）蟹	其　中		
	其中（续）						
	对虾	鹰爪虾	虾蛄		梭子蟹	青蟹	蟳
全国总计	**162 849**	**312 307**	**236 761**	**747 430**	**508 824**	**86 809**	**32 542**
天　津	45		462	341	212		
河　北	2 517	2 363	17 161	14 956	10 272	10	429
辽　宁	3 585	4 911	32 616	31 379	12 221	2 868	8 250
上　海	224	743		9 326	8 228		
江　苏	2 499	9 337	8 742	105 796	95 761	1 949	2 865
浙　江	22 819	200 884	59 382	240 595	181 014	4 701	6 169
福　建	27 204	44 925	35 336	138 593	92 595	15 773	6 241
山　东	10 827	21 483	44 446	31 113	22 229	260	2 532
广　东	56 869	14 461	29 047	81 710	44 517	29 582	3 341
广　西	19 338	8 456	7 480	57 111	31 091	11 462	2 032
海　南	16 922	4 744	2 089	36 510	10 684	20 204	683

各地区海洋捕捞产量（按品种分）（六）

单位：吨

地　区	3.贝类	4.藻类	5.头足类	其　中			6.其他类	其　中
				乌贼	鱿鱼	章鱼		海蜇
全国总计	**462 482**	**23 133**	**648 348**	**133 877**	**349 762**	**124 394**	**347 758**	**183 617**
天　津	1 627		266	21	150	95	193	193
河　北	20 774		10 827	1 519	1 714	6 002	20 023	12 238
辽　宁	49 916	153	27 278	2 842	16 948	3 819	45 193	10 753
上　海	4		107	27	58	22	48	39
江　苏	47 296	1 273	15 601	2 115	8 550	4 324	26 670	15 637
浙　江	17 215	1 840	159 243	31 184	84 213	37 229	28 761	6 864
福　建	47 343	1 919	113 579	32 060	57 934	16 271	15 087	11 862
山　东	142 014	1 341	104 427	8 088	62 286	26 966	107 752	67 057
广　东	52 824	7 180	75 554	18 965	31 314	14 858	38 361	15 359
广　西	57 831		49 920	17 536	24 843	7 319	45 934	37 999
海　南	25 638	9 427	91 546	19 520	61 752	7 489	19 736	5 616

各地区海洋捕捞产量(按海域分)

单位:吨

地　　区	海洋捕捞产量	按捕捞海域分			
		1.渤海	2.黄海	3.东海	4.南海
全国总计	**11 872 029**	**735 124**	**2 656 281**	**4 883 270**	**3 597 354**
天　　津	36 403	7 034	29 369		
河　　北	247 836	186 331	61 505		
辽　　宁	553 000	218 005	328 859	6 136	
上　　海	16 910			16 910	
江　　苏	548 142	463	486 533	61 146	
浙　　江	3 314 451		188 706	3 123 835	1 910
福　　建	1 882 107			1 675 243	206 864
山　　东	1 884 600	323 291	1 561 309		
广　　东	1 464 998				1 464 998
广　　西	643 000				643 000
海　　南	1 280 582				1 280 582

各地区海洋捕捞产量(按渔具分)

单位:吨

地　　区	海洋捕捞产量	按捕捞渔具分					
		1.拖网	2.围网	3.刺网	4.张网	5.钓具	6.其他
全国总计	**11 872 029**	**5 608 740**	**1 028 374**	**2 591 242**	**1 414 727**	**376 691**	**852 255**
天　　津	36 403	24 304	6 067	4 959	103		970
河　　北	247 836	67 611	2 493	110 641	47 561		19 530
辽　　宁	553 000	203 448	1 646	251 390	49 030	9 142	38 344
上　　海	16 910	14 157		1 000	1 753		
江　　苏	548 142	78 717	5 724	163 291	211 268	211	88 931
浙　　江	3 314 451	2 008 609	210 200	304 704	585 548	37 214	168 176
福　　建	1 882 107	718 590	287 630	293 696	319 582	40 776	221 833
山　　东	1 884 600	1 149 574	30 203	342 048	156 517	61 447	144 811
广　　东	1 464 998	741 761	141 585	429 160	7 958	89 658	54 876
广　　西	643 000	419 458	61 229	82 753	180	7 080	72 300
海　　南	1 280 582	182 511	281 597	607 600	35 227	131 163	42 484

各地区淡水捕捞产量(按品种分)

单位:吨

地　区	淡水捕捞产量	1.鱼类	2.甲壳类			3.贝类	4.藻类	5.其他类	其中:丰年虫
				虾	蟹				
全国总计	**2 003 333**	**1 451 900**	**286 597**	**238 634**	**47 963**	**236 710**	**377**	**27 749**	**2 999**
北　京	3 351	3 341	10		10				
天　津	6 302	5 096	413	329	84	294		499	19
河　北	57 900	47 985	5 267	4 200	1 067	3 681		967	
山　西	1 071	1 012	9	9				50	50
内蒙古	29 303	28 683	542	540	2			78	68
辽　宁	45 400	38 051	6 065	2 039	4 026	362		922	
吉　林	6 800	6 482	187	183	4	131			
黑龙江	52 900	52 352	160	160		377		11	
上　海	2 000	1 958	21	18	3			21	
江　苏	305 948	177 478	55 216	41 199	14 017	69 440	321	3 493	
浙　江	91 335	61 375	7 780	6 167	1 613	20 381	31	1 768	
安　徽	279 200	176 685	59 753	52 007	7 746	37 811		4 951	
福　建	67 100	45 878	5 071	3 925	1 146	15 296	3	852	
江　西	223 478	154 441	39 915	37 980	1 935	25 699	20	3 403	
山　东	93 900	79 800	9 347	6 116	3 231	4 382		371	34
河　南	52 100	42 065	8 720	8 187	533	1 255		60	
湖　北	190 167	134 013	44 003	39 208	4 795	9 016		3 135	
湖　南	95 288	75 651	13 434	11 811	1 623	4 917		1 286	
广　东	121 200	77 836	12 140	8 772	3 368	30 339		885	
广　西	101 500	84 234	6 647	5 550	1 097	9 373		1 246	
海　南	13 100	10 075	1 154	792	362	1 780		91	
重　庆	19 709	17 858	1 502	1 237	265	349			
四　川	56 947	52 247	3 886	3 422	464	619		195	
贵　州	11 600	10 003	1 460	1 354	106	98		39	6
云　南	53 281	48 349	3 418	3 289	129	1 105	1	408	
西　藏	832	86						746	746
陕　西	7 220	6 895	123	112	11	5	1	196	
甘　肃									
青　海									
宁　夏	416	403	13		13				
新　疆	13 985	11 568	341	28	313			2 076	2 076

各地区远洋渔业

单位：吨、万元

地　区	远洋捕捞产量	运回国内量	境外出售量	远洋渔业总产值	2016年比2015年增减(±) 远洋捕捞产量	运回国内量	境外出售量	远洋渔业总产值
全国总计	**1 987 512**	**1 103 772**	**883 740**	**1 955 381**	**−204 488**	**−302 386**	**97 898**	**−109 619**
北　京	13 514	9 440	4 074	12 296	−3 486	−6 060	2 574	−704
天　津	13 217	10 313	2 904	10 416	−4 783	−2 387	−2 396	−3 584
河　北	47 591	14 970	32 621	11 379	43 591	14 460	29 131	8 379
辽　宁	285 495	95 992	189 503	244 658	15 495	6 208	9 287	−23 342
上　海	124 923	68 017	56 906	133 819	−28 077	−20 283	−7 794	−29 181
江　苏	20 100	13 978	6 122	20 671	−13 900	−9 122	−4 778	−9 329
浙　江	414 405	357 666	56 739	410 414	−155 595	−174 034	18 439	−11 586
福　建	290 445	164 535	125 910	212 045	−27 555	20 871	−48 426	−102 955
山　东	529 512	255 493	274 019	595 394	60 512	−37 107	97 619	86 394
广　东	45 150	15 071	30 079	80 066	−9 850	−629	−9 221	−15 934
广　西	5 728	52	5 676	5 871	2 728	52	2 676	1 871
海　南								
中农发集团	197 432	98 245	99 187	218 352	−83 568	−94 355	10 787	−9 648

各地区远洋渔业主要品种产量

单位：吨

地　区	远洋捕捞产量	其中 金枪鱼	鱿鱼	竹荚鱼
全国总计	**1 987 512**	**336 007**	**447 107**	**21 800**
北　京	13 514	385	32 851	
天　津	13 217	740	125	
河　北	47 591			
辽　宁	285 495	24 976	14 340	
上　海	124 923	64 914	4 769	21 800
江　苏	20 100		8 600	
浙　江	414 405	93 574	250 769	
福　建	290 445	25 022	4 122	
山　东	529 512	63 219	106 253	
广　东	45 150	18 040		
广　西	5 728	1 090		
海　南				
中农发集团	197 432	44 047	25 278	

附录 4　按照第三次农业普查结果调整后 2016 年各地区水产养殖面积

各地区海水养殖面积(按品种分)(一)

单位:公顷

地　　区	海水养殖面积	1.鱼类	2.甲壳类	(1)虾	其中			
					南美白对虾	斑节对虾	中国对虾	日本对虾
全国总计	**2 098 103**	**101 483**	**305 816**	**252 286**	**168 505**	**12 941**	**25 124**	**20 548**
天　　津	8 999	242	8 757	8 757	8 757			
河　　北	124 800	10 086	26 795	25 673	12 321		7 871	4 559
辽　　宁	698 400	7 330	18 001	17 107	3 115		10 532	2 871
上　　海								
江　　苏	185 480	9 779	23 723	15 227	3 287	2 521	1 777	151
浙　　江	78 701	2 688	25 929	11 183	7 934	186	164	397
福　　建	153 000	14 294	23 899	14 527	8 984	1 445	1 024	2 645
山　　东	604 800	9 647	91 837	83 149	60 273	1 620	3 756	9 048
广　　东	166 200	26 891	59 046	51 207	39 302	6 642		866
广　　西	45 400	1 042	18 765	17 695	17 484	100		11
海　　南	32 323	19 484	9 064	7 761	7 048	427		

各地区海水养殖面积(按品种分)(二)

单位:公顷

地　　区	2.甲壳类(续)			3.贝类	其中				
	(2)蟹	其中			牡蛎	鲍	螺	蚶	贻贝
		梭子蟹	青蟹						
全国总计	**53 530**	**25 524**	**22 849**	**1 302 793**	**137 116**	**13 798**	**40 694**	**41 713**	**46 018**
天　　津									
河　　北	1 122	1 122		79 931			964	7 602	640
辽　　宁	894	651		523 616	19 675	1 878		16 789	2 507
上　　海									
江　　苏	8 496	8 367	126	109 417	3 901		18 933	3 355	4 392
浙　　江	14 746	3 077	9 481	35 894	4 069	45	2 621	7 490	1 412
福　　建	9 372	4 667	4 399	72 216	34 098	4 948	429	3 155	1 395
山　　东	8 688	7 381		381 433	33 509	6 291	9 697	361	32 233
广　　东	7 839	259	6 650	72 999	27 543	618	5 273	2 447	3 257
广　　西	1 070		1 070	24 358	14 026		2 604	198	182
海　　南	1 303		1 123	2 929	295	18	173	316	

各地区海水养殖面积(按品种分)(三)

单位:公顷

地　区	3.贝类(续)				4.藻类	其　中			
	其中(续)								
	江珧	扇贝	蛤	蛏		海带	裙带菜	紫菜	江蓠
全国总计	**916**	**454 337**	**389 852**	**55 283**	**133 414**	**42 345**	**6 820**	**69 234**	**8 909**
天　津									
河　北		50 488	14 590						
辽　宁		270 889	132 140	4 634	11 369	6 023	5 346		
上　海									
江　苏		2	70 864	3 803	41 616	550		41 066	
浙　江		74	5 523	13 757	13 662	741		12 134	35
福　建		230	13 698	12 791	39 536	17 345	11	14 908	5 851
山　东	75	126 190	128 785	17 952	24 009	17 605	1 455	491	1 192
广　东	841	5 916	17 403	2 246	2 426	81	8	635	1 420
广　西		186	5 366	100					
海　南		362	1 483		796				411

各地区海水养殖面积(按品种分)(四)

单位:公顷

地　区	4.藻类(续)				5.其他	其　中			
	其中(续)								
	麒麟菜	石花菜	羊栖菜	苔菜		海参	海胆	海水珍珠	海蜇
全国总计	**419**		**1 099**	**34**	**254 597**	**211 160**	**14 029**	**2 651**	**14 378**
天　津									
河　北					7 988	7 923			25
辽　宁					138 084	116 983	6 484		12 192
上　海									
江　苏					945	773			128
浙　江			680	34	528	8			354
福　建			316		3 055	1 634			1 310
山　东			72		97 874	83 597	5 216		347
广　东	34		31		4 838	242	2 329	1 783	22
广　西					1 235			868	
海　南	385				50				

各地区海水养殖面积(按水域和养殖方式分类)(一)

单位:公顷

地区	海水养殖面积	按养殖水域分			养殖方式中	
		1.海上	2.滩涂	3.其他	1.池塘	2.普通网箱(米^2)
全国总计	**2 098 103**	**1 102 421**	**652 720**	**342 962**	**401 339**	**48 213 713**
天　津	8 999			8 999	8 999	
河　北	124 800	62 417	35 212	27 171	24 772	
辽　宁	698 400	491 259	122 045	85 096	79 506	799 589
上　海						
江　苏	185 480	45 314	119 041	21 125	36 850	
浙　江	78 701	19 205	33 474	26 022	24 580	692 334
福　建	153 000	79 457	48 824	24 719	27 118	39 271 038
山　东	604 800	320 173	206 084	78 543	104 306	1 353 450
广　东	166 200	51 493	63 960	50 747	64 237	4 146 095
广　西	45 400	15 215	15 678	14 507	17 288	536 760
海　南	32 323	17 888	8 402	6 033	13 683	1 414 447

各地区海水养殖面积(按水域和养殖方式分类)(二)

单位:公顷

地区	养殖方式中(续)				
	3.深水网箱(米^3)	4.筏式	5.吊笼	6.底播	7.工厂化(米^3)
全国总计	**10 325 036**	**323 576**	**114 011**	**878 472**	**26 585 771**
天　津					316 220
河　北		56 052		16 576	3 156 500
辽　宁	487 116	55 949	7 651	475 433	2 814 179
上　海					
江　苏	14 000	37 506	300	87 100	756 946
浙　江	908 179	16 171	121	21 246	1 272 655
福　建	311 761	39 994	7 547	16 434	8 374 058
山　东	1 721 908	99 288	93 535	217 782	8 903 029
广　东	782 558	13 159	4 307	33 960	528 676
广　西	1 209 834	5 457	170	8 582	2 800
海　南	4 889 680		380	1 359	460 708

各地区淡水养殖面积(按水域和养殖方式分)(一)

单位:公顷

地　区	淡水养殖面积	按水域			
		1.池塘	2.湖泊	3.水库	4.河沟
全国总计	**5 347 440**	**2 447 068**	**914 714**	**1 644 140**	**220 014**
北　京	2 800	2 752			
天　津	32 002	28 208		2 814	440
河　北	54 801	22 385	1 674	29 270	1 147
山　西	9 900	2 210	1 049	6 623	18
内蒙古	136 900	18 830	47 870	64 495	5 705
辽　宁	180 300	37 256	8	84 307	5 553
吉　林	181 300	29 350	57 856	93 940	150
黑龙江	375 400	88 173	112 883	147 180	20 541
上　海	16 300	14 747	348		1 205
江　苏	439 561	297 519	67 227	16 515	45 490
浙　江	202 200	71 371	2 408	95 235	28 256
安　徽	476 600	180 789	164 677	78 469	43 042
福　建	85 601	34 253	752	44 439	4 243
江　西	412 884	160 969	94 931	139 443	14 394
山　东	234 700	102 721	19 245	103 094	4 942
河　南	147 000	67 395	1 782	72 835	4 981
湖　北	853 064	521 083	190 106	135 004	4 403
湖　南	413 959	235 664	60 374	116 069	872
广　东	314 600	235 146	2 622	67 777	1 521
广　西	135 200	59 725		68 153	5 438
海　南	29 747	24 219	187	5 123	42
重　庆	80 141	50 225		28 496	1 420
四　川	181 100	90 960	4 611	68 553	16 824
贵　州	33 400	5 445	252	22 672	2 584
云　南	91 400	22 774	8 735	58 232	1 232
西　藏	5	5			
陕　西	42 900	10 211	6 419	24 491	1 519
甘　肃	6 100	1 150	45	4 819	4
青　海	17 400	139	4 233	13 028	
宁　夏	32 433	14 873	15 886	1 200	474
新　疆	127 742	16 521	48 534	51 864	3 574

各地区淡水养殖面积(按水域和养殖方式分)(二)

单位:公顷

地区	按水域(续)		养殖方式中		
	5.其他	6.稻田	1.围栏(米^2)	2.网箱(米^2)	3.工厂化(米^3)
全国总计	**121 504**	**1 484 001**	**2 128 331 354**	**135 931 244**	**34 881 209**
北京	48				379 586
天津	540	2 783			224 435
河北	325	1 100	1 750 875	7 191 361	1 335 268
山西		266	9 900	58 640	
内蒙古		4 185	61 565 000	13 458	21 468
辽宁	53 176	60 588	429 984	655 395	157 685
吉林	4	12 564	135 180	52 650	25 800
黑龙江	6 623	23 593	2 266 667	113 092	1 200
上海		43			26 000
江苏	12 810	110 758	46 823 262	6 603 389	2 228 257
浙江	4 930	77 164	5 785 272	2 201 370	6 793 841
安徽	9 623	64 661	1 166 556 589	17 653 889	915 503
福建	1 914	15 600	87 220	734 848	9 993 667
江西	3 147	34 972	130 286 135	7 300 627	1 978 324
山东	4 698	1 819	57 802 738	8 790 153	3 029 007
河南	7	1 289	69 802 130	4 925 954	179 974
湖北	2 468	253 863	395 707 755	52 364 000	392 000
湖南	980	181 934	79 238 952	8 642 460	273 920
广东	7 534	3 038	796 325	321 367	27 556
广西	1 884	46 344	55 171 568	7 344 682	1 200
海南	176		2 600	28 332	15 000
重庆		34 271	30 250 000	14 086	37 016
四川	152	308 529		778 918	601 600
贵州	2 447	125 550	6 223 905	5 223 969	99 050
云南	427	112 544	2 744 639	2 479 908	1 747 837
西藏					
陕西	260	3 155	14 894 658	2 028 341	4 315 650
甘肃	82	2		61 197	66 219
青海				324 707	
宁夏		2 890			
新疆	7 249	496		24 451	14 146

附录 5

渔业统计指标解释

第一章　水产品产量

第 1 条　水产品特征及产量统计范围

水产品指渔业（捕捞和养殖）生产活动的最终有效成果，它具有以下特征：

（1）它是渔业生产活动的成果。水产品既是渔业生产的劳动对象，也是渔业生产的劳动成果，它包括全部海淡水鱼类、甲壳类（虾、蟹）、贝类、头足类、藻类和其他类渔业产品。

（2）它是渔业生产活动的最终成果。渔业生产过程中的中间成果，如鱼苗、鱼种、亲鱼、转塘鱼、存塘鱼和自用作饵料的产品，不是最终成果，不能统计在水产品产量中。

（3）它是渔业生产活动的最终有效成果。水产品在上岸前已经腐烂变质，不能供人食用或加工成其他制品的，不统计在水产品产量中。

第 2 条　产量统计年度和统计者

（1）年水产品产量按日历年度计算。即从每年 1 月 1 日至 12 月 31 日止已从养殖水域捕捞起水或者已从天然水域捕捞并已返航卸港的水产品均统计在年产量中，有的生产渔船在外地收港卸鱼或者在海上由收购船扒载收购的，也按到港计算产量。

（2）水产品产量统计中，养殖产量按照水域所在地统计，国内捕捞产量按照渔船所属地统计，远洋渔业产量按照远洋渔业管理办法进行统计。

第 3 条　产量计量标准

除海蜇按三矾后的成品计量、各种藻类按干品计量外，其余各种水产品均按捕捞起水时鲜品实重（原始重量）计量。此外，供观赏的水生动物按个体计算。

第 4 条　养殖产量与捕捞产量划分原则

凡人工养殖并已起水的水产品数量为养殖产量，凡捕捞天然生长的水产品数量为捕捞产量。

（1）凡是人工投放苗种（不包括灌江纳苗）并进行人工饲养管理的淡水养殖水域中捕捞的水产品产量计算为淡水养殖产量，否则为淡水捕捞产量。

（2）凡是人工投放苗种或天然纳苗并进行人工饲养管理的海水养殖水域中捕捞的水产品产量计算为海水养殖产量，否则为海洋捕捞产量。

（3）稻田养殖起水的水产品，也计算为淡水养殖产量。

第 5 条　水产品分类

水产品分为海水产品和淡水产品两大类。

一、海水产品

海水产品包括海洋捕捞产品、海水养殖产品和远洋渔业产品。其中，海洋捕捞产品产量指国内海洋捕捞产品产量不包括远洋渔业产量。

1.海洋捕捞产品:包括海洋捕捞鱼类、甲壳类(虾、蟹)、贝类、藻类、头足类和其他类。

(1)海洋捕捞鱼类:海鳗、鳓鱼、鳀鱼、沙丁鱼、鲱鱼、石斑鱼、鲷鱼、蓝圆鲹、白姑鱼、黄姑鱼、鮸鱼、大黄鱼、小黄鱼、梅童鱼、方头鱼、玉筋鱼、带鱼、金线鱼、梭鱼、鲐鱼、鲅鱼、金枪鱼、鲳鱼、马面鲀、竹荚鱼和鲻鱼等。

(2)海洋捕捞甲壳类:虾和蟹。虾包括毛虾、对虾、鹰爪虾、虾蛄等。蟹包括梭子蟹、青蟹和蟳等。

(3)海洋捕捞贝类:蛤、蛏、蚶和螺等。

(4)海洋捕捞藻类:江蓠、石花菜和紫菜等。

(5)海洋捕捞头足类:乌贼、鱿鱼和章鱼等。

(6)海洋捕捞其他类:海蜇等。

2.海水养殖产品:包括海水养殖鱼类、甲壳类(虾、蟹)、贝类、藻类、其他类。

(1)海水养殖鱼类:鲈鱼、鲆鱼、大黄鱼、军曹鱼、鰤鱼、鲷鱼、美国红鱼、河鲀、石斑鱼和鲽鱼等。

(2)海水养殖甲壳类:虾和蟹。虾包括南美白对虾、斑节对虾、中国对虾和日本对虾等。蟹包括梭子蟹和青蟹等。

(3)海水养殖贝类:牡蛎、鲍、螺、蚶、贻贝、江珧、扇贝、蛤和蛏等。

(4)海水养殖藻类:海带、裙带菜、紫菜、江蓠、麒麟菜、石花菜、羊栖菜和苔菜等。

(5)海水养殖其他类:海参、海胆、海水珍珠和海蜇等。

3.远洋渔业产品:见第 27 条。

二、淡水产品

淡水产品包括淡水养殖产品和淡水捕捞产品。

1.淡水养殖产品:包括鱼类、甲壳类(虾、蟹)、贝类、藻类和其他类产品。

(1)淡水养殖鱼类:鲟鱼、鳗鲡、青鱼、草鱼、鲢鱼、鳙鱼、鲤鱼、鲫鱼、鳊鲂、泥鳅、鲶鱼、鮰鱼、黄颡鱼、鲑鱼、鳟鱼、河鲀、短盖巨脂鲤、长吻鮠、黄鳝、鳜鱼、鲈鱼、乌鳢和罗非鱼等。

(2)淡水养殖甲壳类:虾和河蟹,其中虾包括罗氏沼虾、青虾、克氏原螯虾和南美白对虾等。

(3)淡水养殖贝类:河蚌、螺、蚬等。

(4)淡水养殖藻类:即螺旋藻。

(5)淡水养殖其他类产品:龟、鳖、蛙和珍珠等。

(6)观赏鱼统计按"条"计量,其重量不计入淡水养殖总产量。

2.淡水捕捞产品:包括鱼类、甲壳类(虾、蟹)、贝类、藻类和其他类。其他类中包括丰年虫等。

第 6 条　海洋捕捞产量(按海区、渔具分类)

1.按捕捞海域分为渤海、黄海、东海和南海区产量。渤海、黄海、东海、南海区划分界线:

(1)渤海:东以辽宁老铁山西角经庙岛群岛至蓬莱角连线与黄海为界。

(2)黄海:南以长江口北角至韩国济州岛西南端连线与东海为界,东至朝鲜半岛与朝鲜海峡。

(3)东海:南以闽粤省界经东山岛南端至台湾省南端的鹅銮鼻灯塔连线与南海为界,东至对马海峡日本琉球群岛与我国台湾省。

(4)南海:东以巴士海峡、巴林塘海峡、菲律宾群岛与太平洋为界,南至加里曼丹,西临中南半岛及马来半岛。

2.按捕捞渔具分为拖网、围网、刺网、张网、钓具和其他渔具产量。

(1)拖网:单拖和双拖。

(2)围网:单船围网、双船围网和多船围网。

(3)刺网:定置刺网、漂流刺网、包围刺网和拖曳刺网。

(4)张网:单桩、双桩、多桩、单锚、双锚、船张、墙张和并列张网。

(5)钓具:漂流延绳钓、定置延绳钓、曳绳钓和垂钓(如鱿钓)。

(6)其他渔具:地拉网、敷网、抄网、掩罩、陷阱、耙刺、笼壶等类型。

第7条　海水养殖产量(按养殖水域分类)

(1)海上养殖:在低潮位线以下从事海水养殖生产。

(2)滩涂养殖:在潮间带间从事海水养殖生产。

(3)其他养殖:在高潮位线以上从事海水养殖生产。

第8条　淡水养殖产量(按养殖水域分类)

按养殖水面类型不同,分为池塘、湖泊、水库、河沟、稻田及其他养殖方式。

第9条　部分养殖方式分类产量

(1)普通网箱:网箱一般由合成纤维如尼龙、聚氯乙烯等网线编织而成,装置在网箱架上。普通网箱面积均为数平方米到数十平方米。一般安置在港湾、沿岸、湖泊、水库和河沟等水域。

(2)深水网箱:深水网箱是一种大型海水网箱,主要有重力式聚乙烯网箱、浮绳式网箱和碟形网箱三种类型,具有抗风浪性能。网箱水体均为数百立方米到数千立方米。深水网箱一般安置在水深20米以下的海域。

(3)工厂化:工厂化养殖即按工艺过程的连续性和流水性的原则,通过机械或自动化设备,对养殖水体进行水质和水温的控制,保持最适宜于鱼类生长和发育的生态条件,使鱼类的繁殖、苗种培育、商品鱼的养殖等各个环节能相互衔接,形成一个独自的生产体系,以进行无季节性的连续生产,达到高效率、高速度的养殖目的。

第二章　水产养殖面积

第10条　水产养殖面积

水产养殖面积指在报告期内实际用于养殖水产品的水面面积,包括海水养殖面积和淡水养殖面积。在报告期内无论是否全部收获或尚未收获其产品,均应统计在养殖面积中。但有些水面不投放苗种或投放少量苗种,只进行一般管理的,不统计为养殖面积。养殖面积法定计量单位为公顷。

第11条　海水养殖面积

海水养殖面积指利用天然海水养殖水产品的水面面积,包括海上养殖、滩涂养殖、其他养殖。工厂化、深水网箱不计入养殖面积。

第 12 条　淡水养殖面积

淡水养殖面积指在淡水水域养殖水产品的水面面积，包括池塘、湖泊、水库、河沟和其他五部分。工厂化、稻田养殖不计入养殖总面积。

第 13 条　养殖面积核算

(1)海上、滩涂、池塘、湖泊、水库、河沟等方式养殖面积按照实际使用的水面计算，计量单位公顷。

(2)普通网箱按照实际占用水面计算面积，计量单位为米^2。

(3)工厂化养殖：按照实际养殖水体的体积计算，计量单位为米^3。

(4)深水网箱：按照实际占用水的体积计算，计量单位为米^3。

(5)在江河、湖泊、水库投放苗种或灌江纳苗、增殖放流的水域不统计面积；湖泊、水库、河沟虽有专人管理，或有苗种投放，但人工养殖水产品起捕量不足 30% 的水面也不统计为养殖面积(其产量列入捕捞产量)。

第三章　渔业经济总产值和增加值

第 14 条　渔业经济总产值和增加值

渔业经济总产值和增加值指以货币表现的核算期内渔业经济活动的总产出和总成果，包括了全社会渔业、渔业工业和建筑业、渔业流通和服务业。

第 15 条　渔业产值和增加值

渔业产值指以货币表现的核算期内捕捞和养殖水产品及水产苗种的总产出和总成果。具体包括人工养殖的水生动物和海藻的产值、天然水生动物和天然海藻采集的产值，即包括海洋捕捞、海水养殖、淡水捕捞、淡水养殖产品以及水产苗种的产出。其计算方法：水产品及苗种的产量分别乘以其产品的现行价格。

渔业增加值指以货币表现的核算期内全社会从事渔业捕捞和养殖生产活动所创造的最终产品的价值，其计算方法：渔业总产出扣除渔业中间投入。

渔业产值和增加值的数据取自同级统计部门。

第 16 条　渔业工业、建筑业产值和增加值

渔业工业、建筑业产值和增加值指以货币表现的核算期内全社会从事水产品加工业、渔用机具制造业、渔用饲料工业、渔用药物制造业、渔业建筑业等的产出和成果。

水产品加工业产值等于加工产品量乘以现行价格，其增加值采用食品加工业增加值率进行推算。

渔用机具制造业产值、增加值等于渔船渔机修造业、渔用绳网制造业和其他设备制造业的产值、增加值之和；其产值计算方法主要采用“工厂法”计算，增加值的计算方法采用统计部门“规模以上工业企业总产值表”中的相应指标增加值率进行推算。

渔用饲料工业产值主要采用“工厂法”，增加值是渔用饲料工业现行总产出乘以“规模以上”饲料工业现价增加值率。

渔用药物制造业产值取同级相关部门统计年报表中的有关数据，其增加值等于渔用药物总产出乘以“规模以上”生物制药业现价增加值率。

渔业建筑业产值计算方法是从建筑产品所有方的建筑工程造价角度入手,依据投资完成额计算,其增加值采用建筑业增加值率来推算。

第 17 条　渔业流通和服务业产值和增加值

渔业流通和服务业包括渔业流通业,渔业(仓储)运输业,休闲渔业,渔业文化教育、科学技术和信息等产值和增加值。

渔业流通业产值以营业额来计算,其增加值等于渔业流通业产值乘以批发零售贸易业现价增加值率进行推算。

渔业(仓储)运输业产值即营业收入,其增加值计算方法与建筑业相同。

休闲渔业产值包括涉渔的一切旅游服务业产值,以营业额计算,其增加值用旅游业增加值率进行推算。

渔业文化教育、科学技术和信息等产值及其增加值根据财政部门《一般预算支出决算明细表》和有关资料进行推算。

第 18 条　计算总产值的价格

计算总产值的价格按当年价格计算。

当年价格就是当年出售产品时的实际价格。水产品当年价格以各地渔业生产单位初次出售的价格的平均价格为依据;工业产品以报告期内的产品出厂价格为当年价格。商业以零售价格为当年价格。

第四章　渔业船舶拥有量

第 19 条　渔业船舶

渔业船舶指从事渔业生产的船舶以及为渔业生产服务的船舶,按有无推进动力分为机动渔业船舶和非机动渔业船舶。按生产性质分为生产渔船和辅助渔船。

国内海洋捕捞渔业船舶转为远洋渔业船舶的当年,应纳入远洋渔业船舶统计范围内,在国内渔船统计范围中不再进行统计。

第 20 条　机动渔业船舶

机动渔业船舶指依靠本船主机动力来推进的渔业船舶,分为渔业生产船和渔业辅助船。

渔业生产船是直接从事渔业捕捞和养殖活动的船舶统称。从事捕捞业活动的渔船为捕捞船,从事养殖业活动的渔船为养殖船。捕捞船,按主机总功率分为:441 千瓦(含)以上、44.1(含)~441 千瓦、44.1 千瓦以下三类;按船长分为:24 米(含)以上、12(含)~24 米、12 米以下;按作业方式分为拖网、围网、刺网、张网、钓业、其他共 6 类,有关解释请参照第 6 条的相关内容。

渔业辅助船指从事各种加工、贮藏、运输、补给、渔业执法等渔业辅助活动的渔业船舶统称,包括水产运销船、冷藏加工船、油船、供应船、科研调查船、教学实习船、渔港工程船、拖轮、驳船和渔业行政执法船等。其中捕捞辅助船指水产运销船、冷藏加工船、油船、供应船等为渔业捕捞生产提供服务的渔业船舶。钓业、围网等作业渔船中的子船纳入捕捞辅助船统计范围。

机动渔船年末拥有量应按数量、吨位、功率分别统计,各计量单位规定如下:

(1)数量的单位为“艘”,“艘”应按船舶单元计算,子母式作业船应分别统计。

(2)吨位的单位为“总吨”,“总吨”应为丈量确定的船舶总容积,每 2.83 米^{3}为 1 总吨。

(3)功率的单位为“千瓦”,“千瓦”应按主机总功率计算。1 马力等于 0.735 千瓦。

第 21 条　非机动渔船

非机动渔船指无配置机器作为动力的渔船,依靠人力、风力、水力或其他船只带动的渔业船舶,包括风帆船、手摇船等。

第五章　渔业灾情

第 22 条　渔业灾情

渔业灾情指由于遭受台风(洪涝)、病害、干旱、污染和其他灾害而造成水产品产量减少、苗种损失、设施损坏、水域污染以及人员伤亡等。

水产品损失指由于灾害造成的水产品损失数量和金额。

受灾养殖面积指由于灾害造成水产品产量损失在 10%以上的养殖面积。

渔业设施损毁指由于台风(洪涝)造成池塘、网箱(鱼排)、围栏、渔船损坏或沉没、堤坝、泵站、涵闸、码头、护岸、防波堤、工厂化养殖厂及苗种繁育场等被毁,从而造成的渔业设施毁坏的数量和金额。

人员损失指由于灾害而造成人员失踪、死亡和重伤的人数。

第六章　渔业人口与渔业从业人员

第 23 条　渔业乡和渔业村

在农村中,从事渔业生产与经营的人员占全部从业人员 50%以上或渔业产值占农业产值的比重 50%以上的乡、村,即为渔业乡和渔业村;达不到上述标准的,但一直是以经营渔业为主,并经上级主管部门批准定为渔业乡、村的,亦可统计为渔业乡和渔业村。

第 24 条　渔业户(家庭)

渔业户指农(渔)村和城镇住户中主要从事渔业生产与经营的家庭。凡家庭主要劳动力或多数劳动力从事渔业生产与经营的时间占全年劳动时间 50%(6 个月)以上或渔业纯收入占家庭纯收入总额 50%以上者均可统计为渔业户。

第 25 条　渔业人口

渔业人口指依靠渔业生产和相关活动维持生活的全部人口,包括实际从事渔业生产和相关活动的人口及其赡(抚)养的人口,具体如下:

(1)直接从事渔业生产和相关活动的在业人口。

(2)兼营渔业和其他非渔业劳动者中,凡从事渔业生产和相关活动的时间全年累计达到或超过 3 个月者,或者虽全年累计不足 3 个月,但渔业纯收入占纯收入总额比重超过 50%者。

(3)由从事渔业生产和相关活动的人口赡(抚)养的人口。

(4)在既有渔业劳动者又有非渔业劳动者的家庭中,根据渔业与非渔业纯收入比例分摊的被渔业劳动者赡(抚)养的人口。

渔业人口中的传统渔民:指凡渔业乡、渔业村的渔业人口均可称为传统渔民。

第 26 条　渔业从业人员

渔业从业人员:全社会中 16 岁以上,有劳动能力,从事一定渔业劳动并取得劳动报酬或经营收入的人员。

渔业专业从业人员:全年从事渔业活动 6 个月以上或 50%以上的生活来源依赖渔业活动的渔业从业人员;

渔业兼业从业人员:全年从事渔业活动 3~6 个月或 20%~50%的生活来源依赖渔业活动的渔业从业人员;

渔业临时从业人员:全年从事渔业活动 3 个月以下或 20%以下的生活来源依赖渔业活动的渔业从业人员。

第七章　远洋渔业

第 27 条　远洋渔业产量和远洋渔船

远洋渔业产量:由各远洋渔业企业和各生产单位按我国远洋渔业项目管理办法组织的远洋渔船(队)在非我国管辖水域(外国专属经济区水域或公海)捕捞的水产品产量。中外合资、合作渔船捕捞的水产品只统计按协议应属于中方所有的部分。

远洋渔船:按上述办法、协议,在上述水域进行常年或季节性生产的渔船。

第八章　水产苗种

第 28 条　苗种

鱼苗:卵黄囊基本消失,鱼鳔充气,能平游主动摄食的仔鱼,包括人工孵化和江河湖海港湾采捕的天然鱼苗。

鱼种:鱼苗经培育后,发育至全体鳞片,鳍条长全,外观具有成鱼基本特征的幼鱼,一般全长在 1.7~23.3 厘米,因出塘季节和培育期的不同,又俗称为夏花、冬片、春片、秋片、仔口和老口。

扣蟹:蟹苗经数次退皮变成外形接近蟹形的仔蟹,再经过 4~5 个月饲养培育成每千克 100~200 只性腺未成熟的幼蟹。

第 29 条　苗种数量统计原则

由苗种孵化或育成的单位归属统计,从他处购进或以其他方式取得苗种,不再进行统计。

第九章　水产加工业

第 30 条　水产加工企业

水产加工企业:从事水产品保鲜(保活)、保藏和加工利用的企业。

规模以上企业:年主营业务收入 500 万元以上的水产加工企业。

水产品加工能力:年加工处理水产品的总量。

第 31 条　水产冷库

水产冷库指主要用于水产品冻结、冷藏和制冰的场所，一般以低温冷藏库数作为冷库座数。

冷库的冻结能力、冷藏能力、制冰能力均指冷库建造设计的及后来改扩建新增的生产能力之和。

第 32 条　水产加工品

水产加工品指以水产品为原料，采用各种食品贮藏加工、水产综合利用技术和工艺所生产的产品，如冷冻冷藏品、腌制品、干制品、熏制品、罐头食品、各种生熟小包装食品，以及鱼油、鱼肝油、多烯脂肪酸制剂、饲料鱼粉、藻胶、碘、贝壳工艺品等。

一、水产冷冻品

水产冷冻品指为了保鲜，将水产品进行冷冻加工处理后得到的产品，包括冷冻品和冷冻加工品，但不包括商业冷藏品。

冷冻品泛指未改变其原始性状的粗加工产品，如冷冻全鱼、全虾等。

冷冻加工品指采用各种生产技术和工艺，改变其原始性状、改善其风味后制成的产品，如冻鱼片、冻虾仁、冷冻烤鳗、冻鱼籽等。

二、鱼糜制品和干腌制品

鱼糜制品指将鱼（虾、蟹、贝等）肉（或冷冻鱼糜）绞碎经配料、擂溃成为稠而富有粘性的鱼肉浆（生鱼糜），再做成一定形状后进行水煮（油炸或焙烤烘干）等加热或干燥处理而制成的食品，如鱼糜、鱼香肠、鱼丸、鱼糕、鱼饼、鱼面、模拟蟹肉等。

干腌制品指以水产品为原料，经脱水（烘干、烟熏、焙烤等）或添加腌制剂（盐、糖、酒、糟）制成具有保藏性和良好风味的产品，如烤鱼片、鱿鱼丝、鱼松、虾皮、虾米、海珍干品，以及海蛰、腌鱼、烟熏鱼、糟鱼、醉虾蟹、醉泥螺、卤甲鱼、水生动植物调味品（虾蟹酱、蚝油、鱼酱油）等。

藻类加工品指以海藻为原料，经加工处理制成具有保藏性和良好风味的方便食品，如海带结、干紫菜、调味裙带菜等。

三、水产罐制品

水产罐制品指以水产品为原料按照罐头工艺加工制成的产品，包括硬包装和软包装罐头，如鱼类罐头、虾贝类罐头等。

四、鱼粉

鱼粉指用低值水产品及水产品加工废弃物（如鱼骨、内脏、虾壳等）等为主要原料生产而成的加工品。

五、鱼油制品

鱼油制品指从鱼肉或鱼肝中提取油脂，并制成的产品，如粗鱼油、精鱼油、鱼肝油、深海鱼油等。

六、其他水产加工品

其他水产加工品指除上述加工产品之外的加工品统称，如助剂和添加剂（蛋白胨、褐藻胶、碘、甘露醇、卡拉胶、琼胶等）、珍珠加工品、贝壳工艺品、鱼酒、鱼奶等。

第十章　渔民家庭当年收支情况调查

第 33 条　家庭常住人口数

家庭常住人口数指全年经常在家或在家居住 6 个月以上,而且经济和生活与本户连成一体的人口数。外出从业人员在外居住时间虽然在 6 个月以上,但收入主要带回家中,经济与本户连为一体,仍视为家庭常住人口;在家居住,生活和本户连成一体的国家职工、退休人员也为家庭常住人口。但是现役军人、中专及以上(走读生除外)的在校学生,以及常年在外(不包括探亲、看病等)且已有稳定的职业与居住场所的外出从业人员,不应当作家庭常住人口。

第 34 条　家庭渔业从业人员人数

家庭渔业从业人员人数指家庭常住人口中从事渔业生产、销售、运输等活动累计 6 个月以上的人数。

第 35 条　全年总收入

全年总收入指调查期内被调查对象从各种来源渠道得到的收入总和。按收入的性质划分为家庭经营收入、工资性收入、财产净收入、转移性收入和政府生产补贴(惠农收入)。

第 36 条　家庭经营收入

家庭经营收入指以家庭为单位进行生产经营和管理而获得的收入,包括渔业(水产品及鱼苗)收入、其他家庭经营收入。

渔业收入:水产品及鱼苗用于市场交易的现金收入或自产自食的实物收入。市场交易的现金收入等于交易的水产品及鱼苗或与水产品有关的劳务活动量乘以市场价格,只要交易发生,包括现款和应收款都要计算为收入;自产自食的实物收入,按自食水产品数量乘以相应水产品成本价格计算。如某个水产品的市场平均价格为 10 元/千克,用于计算该水产品市场交易的现金收入;成本价格为 6 元/千克,用于计算自产自食的该水产品实物收入。

经营其他行业收入:渔民家庭自主经营的除渔业外的其他行业,如种植业、畜牧业、林业等第一产业,或从事第二、三产业所取得的经营收入。第一产业的收入包括现金和实物两个部分,计算方法与渔业收入类似;第二、三产业只计算现金部分。

第 37 条　工资性收入

工资性收入指渔民家庭中从业人员通过各种途径得到的全部劳动报酬和各种福利,包括在渔业生产劳动中获得的工资和在其他行业劳动中获得的工资。

工资的形式包含计时计件劳动报酬、奖金、津贴,以及单位代个人缴纳的养老保险、医疗保险、失业保险、房租费、水电费、托儿费、医疗费等,单位定期或不定期发放过节费、调动工作的安家费、相当于现金的通用购物卡、免费或低价提供的实物产品和服务折价、工作餐补贴折价,零星或兼职劳动中得到现金、实物补贴折价等,还包括股份制企业派发或奖励给员工的股票和期权。

工资按照收付实现制计算,只要是在调查期内实际得到的工资,无论该工资是补发还是预发,都应归为本期得到的工资收入。本调查期内应得但因拖欠等原因未得到的工资不应计入。

工资不包括因员工或员工家属大病、意外伤害、意外死亡等原因支付给员工或其遗属的抚恤金和困难补助金,应该将其列入转移性收入中的社会救济和补助收入。

第 38 条　财产性净收入

财产性净收入指渔民家庭住户或成员将其所拥有的金融资产和自然资源交由其他机构单位、住户或个人支配而获得的回报并扣除相关的费用之后得到的净收入。财产性净收入包括利息净收入、红利收入、储蓄性保险净收益和转让承包土地或水面经营权租金净收入等。

利息净收入指利息收入扣除该住户或个人付给债权方的生活性借贷款利息支出后得到的净值。利息收入指按照双方事先约定的金融契约条件,借出金融资产(存款、债券、贷款和其他应收账款)的住户或个人从债务方得到的本金之外的附加额。利息收入是应得收入,包括各类定期和活期存款利息、债券利息、个人借款利息等,银行代扣的利息所得税也包括在内。

红利收入指住户或个人作为股东将其资金交由公司支配或处置而有权获得的收益。包括股票发行公司按入股数量定期分配的股息、年终分红以及从集体财产入股或其他投资分配得到的股息和红利。股票买卖结算后获得的收益(含亏损)不包含在内。

储蓄性保险净收益指住户或个人参加储蓄性保险,扣除缴纳的保险本金及相关费用后,所获得的保险净收益,不包括保险责任人对保险人给予的保险理赔收入。

转让承包土地或水面经营权租金净收入指住户将拥有经营权或使用权的土地转让给其他机构单位或个人获得的补偿性收入扣除相关成本支出后得到的净收入,也包括从其他机构单位或个人获得的实物形式的收入。

其他财产净收入指住户所得的除上述以外的其他财产性收入扣除相关的维护成本之后得到的净收入。如通过在国外购买的土地、矿产等自然资源获得的财产净收入等。

财产性净收入不包括将非金融资产(如住房、生产经营用房、机械设备、专利、专有技术、商标商誉等)交由其他机构单位、住户或个人支配而获得的回报,应该计入"经营净收入"。财产性净收入也不包括转让资产所有权的溢价所得,这些是"非收入所得",不包含在本调查中。

第 39 条　转移性收入

转移性收入指国家、单位、社会团体对住户的各种经常性转移支付和住户之间的经常性收入转移。它包括政府、非行政事业单位、社会团体对居民转移的养老金或退休金、社会救济和补助、惠农补贴、政策性生活补贴、救灾款、经常性捐赠和赔偿以及报销医疗费等;住户之间的赡养收入、经常性捐赠和赔偿,以及农村地区(村委会)在外(含国外)工作的本住户非常住成员寄回带回的收入等。

转移性收入不包括住户之间的实物馈赠。

养老金或离退休金指根据国家有关文件规定或合同约定,在劳动者年老或丧失劳动能力后,根据他们对社会、单位所作的贡献和所具备的享受养老保险资格或退休条件,按月以货币形式或实物产品及服务给予的待遇,主要用于保障因年老或疾病丧失劳动能力的劳动者的基本生活需要。包括离退休人员的养老金或离退休金、生活补贴,农民享有的新型农村养老保险金,城镇居民享有的社会养老保险金,国家或地方政府给予城镇无保障老人的养老金,因工致伤离退休人员的护理费,退休人员异地安家补助费、取暖补贴、医疗费、旅游补贴、书报费、困难补助以及在原工作单位所得的各种其他收入,相当于现金的购物卡券也包含在内。也包括发给的实物和购买指定物品的票证、购物卡券,应同时计入相应的实物产品和服务项目中。

社会救济和补助指国家、机关企事业单位、社会团体和个人对各类特殊家庭、人员提供的特别津贴。包括国家对享受城镇居民最低生活保障待遇的家庭发放的最低生活保障金、对农村五保户发放的五保救助金、国家和社会及机构单位对特殊困难家庭给予的困难补助、扶贫款、救灾款、国家或机构单位向由于失去工作能力或意外死亡等原因而失去工作的职工或其遗属定期发放的抚恤金等。也包括发给的实物和购买指定物品的票证、购物卡券，应同时计入相应的实物产品和服务项目中。

惠农补贴指政府为扶持农业、林业、牧业、渔业和农林牧渔服务业，以现金或实物形式发放的各种生产补贴。现金形式发放的补贴包括粮食直补、购置和更新大型农机具补贴、良种补贴、购买生产资料综合补贴、退耕还林还草补贴、畜牧业补贴等生产性补贴。实物形式发放的补贴指政府低价或免费提供的相关产品和服务，如免费或低价提供的种子、农机具服务等。包括经营渔业的生产性补贴和经营其他产业的生产性补贴。在鱼塘改造中，如果是以渔民家庭为主进行投入建设，得到了政府补贴，计入渔民得到的惠农补贴；如果是政府直接奖励或投入改造建设，则按相关市场价格计入生产性固定资产。

政策性生活补贴指根据国家的有关规定，中央财政、各级地方财政给予家庭的相关政策性生活补贴。包括家电下乡和以旧换新等家电补贴、能源补贴、给农村寄宿制中小学生的生活补贴等；也包括其他低价或免费提供的实物产品和服务，如廉租房等。

报销医疗费指参加新型农村合作医疗、城镇职工基本医疗保险、(城镇)居民基本医疗保险、城乡居民大病保险的居民在购买药品、进行门诊治疗或住院治疗之后，从社保基金或单位报销的医疗费。报销医疗费属于一种实物收入。报销医疗费包括使用社保卡进行医疗服务付费时直接扣减的、由社保基金支付的部分。从商业医疗保险获得报销的医疗费不包括在内。

外出从业人员寄回带回收入指在外(含国外)工作的本住户非常住成员寄回、带回的收入。无论是以现金、汇款、转账、银行卡共享等任何形式寄回、带回的收入，都应计入。

赡养收入指亲友因赡养和抚养义务经常性给予住户及其成员的现金和实物收入。

其他经常转移收入指住户从除上述各项转移性收入以外得到的其他经常性转移收入。如经常性捐赠收入、经常性赔偿收入、失业保险金、亲友搭伙费等。

经常性捐赠收入指住户从他人、组织、社会团体处得到的经常性捐献或赠送收入。这种捐赠收入带有义务性和经常性，不包括遗产及一次性馈赠收入、婚丧嫁娶礼金所得、压岁钱等。捐赠收入与赡养收入的区别：赠送是对本住户的成员无赡养义务的其他住户或个人给本住户及其成员的现金。本住户成员内部间的捐赠收入和捐赠支出均不必记账。

经常性赔偿收入指住户及其成员因受到财产损失、人身伤害、精神损失得到的国家、单位、个人定期支付的经常性赔偿，不包括一次性赔偿所得。

第 40 条　全年总支出

全年总支出指渔民家庭全年用于生产、生活和再分配的全部支出。包括：家庭经营费用支出、生产性固定资产折旧、税费支出、生活消费支出、转移性支出。

第 41 条　家庭经营费用支出

家庭经营费用支出指以家庭为单位从事生产经营活动而消费的商品和服务、自产自用产品。包括经营渔业费用支出和经营其他行业费用支出。

经营渔业费用支出包括燃料、水电及加冰费用、雇工费用、饲料费用、购买种苗费用，以及加工费用、修理费、承包或租用费等其他生产支出。其中燃料、水电费指用于生产的，不包括用于生活的支出；修理或改造费用等，指额度在1 000元以下的日常渔需物质支出，在此价值量之上的如渔具的大修理、鱼塘清淤、改造等较大规模投入,则按量按价计入固定资产。

经营其他行业费用支出指从事除渔业经营外的其他行业,如种植业、畜牧业、林业等第一产业,或从事第二、三产业经营的支出。其计算方法参考经营渔业支出。

第 42 条　生产性固定资产原价及折旧

生产性固定资产指使用年限在 2 年及以上、单位价值在1 000元以上的房屋建筑物、机器设备、器具工具、役畜、产品畜等资产,其中渔业生产性固定资产包括生产用车船、精养鱼池、大型网具、防逃设施、涵闸、泵站等。

生产性固定资产原价指固定资产当初的购进价、新建价或开始转为固定资产的价值。自繁自养的幼畜成龄转作役畜、产品畜、种畜,按市场同类牲畜的平均价格计价。国家奖励和外单位赠送的固定资产按购置同类固定资产的价格参照其新旧程度酌情计价。

渔民家庭的生产性固定资产折旧按农业生产性固定资产折旧方法处理,即 15 年的使用期限。

第 43 条　税费支出

税费支出指渔民家庭以现金和实物形式缴纳的从事生产经营活动的各种税赋支出,以及承包费、一事一议款、以资代劳款、乡村提留、集资摊派等费用,包括经营渔业税费支出和经营其他产业税费支出。对于无法区分家庭产业经营活动的税费支出,按一定比例分摊。

第 44 条　转移性支出

转移性支出指渔民家庭或成员对国家、单位、住户或个人的经常性或义务性转移支付,包括缴纳的税款、各项社会保障支出、赡养支出、经常性捐赠和赔偿支出以及其他经常转移支出等。

个人所得税指家庭或成员被扣缴的工资薪金所得、对企事业单位的承包经营承租经营所得、个体工商户的生产经营所得、劳务报酬所得、稿酬所得、特许权使用费所得、利息股息红利所得、财产租赁所得、财产转让所得、偶然所得、经国务院财政部门确定征税的其他所得等个人所得的税款。生产税、消费税不在其内。

社会保障支出指家庭成员参加国家法律、法规规定的社会保障项目中由单位和个人共同缴纳的保障支出。包括养老保险、医疗保险、失业保险、工伤保险、生育保险以及其他社会保障支出。

赡养支出指家庭成员因赡养和抚养义务而付给亲友的经常性现金和定期的实物支出。现金赡养支出应按实际发生的金额计算,不论是从报告期收入中开支的,还是从银行存款、手存现金以及其他所得中开支的,均应包含在内。

其他经常转移支出指家庭或成员除缴纳的税款、社会保障支出、赡养支出以外的其他经常性转移支出,如经常性捐赠支出、经常性赔偿支出、各种罚款(如交通罚款);政府部门向居民提供服务收取的服务费,如迁户口的办理费、办理身份证费,缴纳工会费、党费、团费以及学会团体组织费等。

经常性捐赠支出指家庭或成员赠予他人的经常性和带有义务性的现金支出,包括向寺庙的经常性捐款、定期资助贫困学生或贫困地区的款项、个人对公共设施建设的各类捐款,如解困基金、水利基金、防洪基金等,但不包括以商品或服务方式给予他人的价值额。婚丧嫁娶礼金支出及一次性馈赠支出如压岁钱、探望病人给予的礼金等不含在内。经常性捐赠支出应按实际发生的金额计算，不论是从报告期收入中开支的，还是从银行存款、手存现金以及其他所得中开支的，均应包括在内。

经常性赔偿支出指家庭或成员向因受到财产损失、人身伤害、精神损失的国家、单位、个人定期支付的赔偿支出，不包括一次性赔偿支出。

第 45 条　生活消费支出

生活消费支出指渔民家庭用于满足家庭日常生活消费需要的全部支出，包括伙食支出、烟酒支出、衣着支出、居住支出、生活用品支出、交通通信支出、教育文化娱乐支出、医疗保健支出、其他用品及服务支出。

伙食支出指渔民家庭住户购买粮、油、菜、肉、禽、蛋、奶、水产品、糖、饮料、干鲜瓜果等食品的支出，也包括在外饮食、餐馆外卖食品和其他饮食服务的支出，但不包括用于宠物食品的支出。

烟酒支出指渔民家庭住户用于烟草和酒类的支出。烟草包括卷烟、烟丝、烟叶。涵盖住户购买的所有烟草，包括在餐馆、酒吧等购买的烟草。不包括烟具。酒指用高粱、大麦、米、葡萄或其他水果发酵制成的含酒精饮料。主要有白酒、黄酒、葡萄酒、啤酒，包括低度酒精饮料或不含酒精的啤酒等。此处指买来在家喝的酒类，不包括在餐馆、旅馆、酒吧等消费的酒（在外饮食）。

衣着支出指渔民家庭住户用于穿着的支出，包括购买服装、服装材料、鞋类、其他衣类及配件，以及衣着相关加工服务的支出。

居住支出指渔民家庭住户用于居住的支出，包括房租、水、电、燃料、住房装潢、物业管理等方面的支出。

生活用品支出指渔民家庭住户购买家具和家用电器、日用杂品的支出。

家具和家用电器包括家具、家具材料、室内装饰品、家庭使用的各类大型器具和电器，小家电等，如冰箱、冷饮机、空调、洗衣机、吸尘器、干衣机、微波炉、洗碗机、消毒碗柜、炊具、炉灶、热水器、取暖器、保险柜、缝纫机、榨汁机、烤面包炉、酸奶机、熨斗、电水壶、电扇、电热毯等。

日用杂品包括床上用品、窗帘门帘和其他家用纺织品，以及洗涤及卫生用品、厨具、餐具、茶具、家用手工工具、其他日用品、护肤品、美容美发用品等。

交通通信支出指渔民家庭户在交通工具、交通费、通信器材、通信服务方面的支出。

交通工具包括家用汽车、摩托车、自行车及其他家庭交通工具。不包括经营用交通工具。

交通费包括乘坐各种交通工具（如飞机、火车、汽车、轮船等）所支付的交通费以及用于车辆使用的燃料费、停车费、维修费、车辆保险等。不包括因公出差暂由个人垫付的交通费。

通信工具包括固定电话机、移动电话机、寻呼机、传真机等。

通信服务费包括电话费、电话初装费、入网费、电信费、邮费等。

教育文化娱乐支出指渔民家庭户用于住户成员的教育活动、文化娱乐活动的支出。

教育包括职业技术培训费、学杂费、赞助费、一揽子教育服务费、教育用品支出等。文化娱乐包括用于文娱耐用消费品、其他文娱用品和文化娱乐服务。

文娱耐用消费品包括各种音像、摄影和信息处理设备，如彩色电视机、照相机、摄像机、组合音响、家用计算机，也包括中高档乐器、健身器材等，还包括文娱耐用消费品的零配件和维修。

其他文娱用品包括除教材及参考书以外的各种书报杂志及音像制品、文具纸张、体育户外用品、玩具、用于花鸟虫鱼等业余爱好的相关用品、宠物及宠物用品等其他文娱用品,也包括以上文娱用品的维修支出。

文化娱乐服务指和文化娱乐活动有关的各种服务费用。包括团体旅游、景点门票、体育健身活动、电影、话剧、演出票、有线电视费以及其他文化娱乐服务支出。

医疗保健支出指渔民家庭户购买医疗器具和药品,支付门诊和住院费方面的支出。

医疗器具和药品包括药品、滋补保健品、医疗卫生器具及用品和保健器具。

门诊和住院费指门诊和住院的医疗总费用,包括从各种医疗保险或其他医疗救助计划中获得的医药费和医疗费的报销款额;挂号费、诊疗费、注射费、手术费、透视费、镶牙费、出诊费、送药费、陪侍费、住院费、救护车费等;提供给门诊病人的药物、医疗器械和设备及其他保健产品。报销医疗费应按收付实现制记录,即仅当医疗费报销到手时才计入。

其他用品及服务指渔民家庭户在其他用品及服务方面的支出。

其他个人用品包括首饰、手表和其他杂项用品。

其他服务包括旅馆住宿费、美容美发洗浴、其他杂项服务。无法归入七大类服务支出的其他各项服务支出,如迷信、丧葬费、诉讼费、公证费、房地产中介服务费等也包含在内。

第 46 条　全年纯收入和渔业纯收入

全年纯收入指渔民家庭当年从各种来源得到的总收入相应地扣除所发生的费用后的收入总和。全年纯收入主要用于再生产投入和当年生活消费支出,也可用于储蓄和各种非义务性支出。渔民人均纯收入是按人口平均的纯收入水平,反映的是一个地区或一个渔民家庭的居民平均收入水平。计算方法:

全年纯收入=全年总收入-家庭经营费用支出-生产性固定资产折旧-税费支出

渔业纯收入=出售水产品收入+从事渔业所获得的工资性收入-经营渔业支出-渔业固定资产折旧-渔业税费支出

第 47 条　可支配收入

可支配收入指渔民家庭户可用于最终消费支出和储蓄的总和,即可以用来自由支配的收入。可支配收入既包括现金,又包括实物收入。本调查按照收入的来源,可支配收入包含四项,分别为:工资性收入、经营净收入、财产净收入、转移净收入。计算公式为:

可支配收入=工资性收入+经营净收入+财产净收入+转移净收入

其中:

经营净收入=经营收入-经营费用-生产性固定资产折旧-税费支出

转移净收入=转移性收入-转移性支出

第 48 条　渔民家庭收支调查台账首页及问卷

渔民家庭收支调查台账首页是用于采集渔民家庭收支情况基础数据的方法。在调查户中建立台账首页,按一定时间将发生收支情况通过问卷访问进行记录,由县级渔业统计人员按时间要求,直接通过村干部或村农业技术员收集或调查。本台账首页及问卷为参考表样,各地可根据实际情况自行设计,方便渔民理解。在台账首页中需要一次性填写的内容包括样本户地址及代码、居住房屋面积和估价、拥有大型网具价值、养殖面积、机动渔船数量、功率和吨位等。

样本户地址及代码指渔民家庭收支调查样本户的居住地址，按省、地、县、乡、村的行政地址填写，代码是国家统计局公布的标准代码（12 位）。村内的样本户按自然顺序编码。样本户所在的行政区划名称发生改变，但尚未获得国家标准名称和代码的，原地址和代码不变，可在备注中说明。

居住房屋面积指住宅用于生活居住的建筑面积，应扣除住宅中非生活居住（出租、生产或商用）的建筑面积。

建筑面积以房屋产权证或租赁证为准，也可按使用面积乘以 1.333 计算得出。如果没有相应证明，则由调查员根据本住宅或类似住宅判断填写。建筑面积应填写整数，不为整数时应四舍五入。

居住房屋的估价指居住房屋建筑本身的市场估值，仅包含建筑物本身的价值，不包含宅基地的价值。市场估值主要由调查员辅助住户进行填报。按农村地区的住宅市场估值方法进行估价，调查员预先了解本地区目前平均的房屋建造成本，并将这些信息提供给调查户。针对某个具体住宅，首先估计目前如果要建造同类住房所需要的成本，然后按照 30 年折旧的期限，根据住宅的建筑年份对剩余的价值进行折算。例如，农村的一栋两层小楼，于 1997 年建成，已经使用了 15 年。目前建造同类住房的成本约为 20 万元，则按照 30 年的折旧期限，目前该住宅的价值为 10 万元。如果住宅的使用年限已经超过 30 年，则根据住宅目前的实际情况酌情进行估价。对于竹草土坯房，原则上住宅的市场估值不超过5 000元。

图书在版编目(CIP)数据

2018中国渔业统计年鉴 / 农业农村部渔业渔政管理局，全国水产技术推广总站，中国水产学会编制 .— 北京:中国农业出版社，2018. 9
ISBN 978-7-109-24475-7

Ⅰ.①2… Ⅱ.①农…②全… ③中… Ⅲ. ①渔业经济-统计资料-中国-2018-年鉴 Ⅳ. ①F326.4-66

中国版本图书馆CIP数据核字(2018)第185194号

2018中国渔业统计年鉴
2018 ZhongGuo Yuye Tongji Nianjian

中国农业出版社出版
(北京市朝阳区麦子店街18号楼)
(邮政编码100125)
责任编辑 陈 瑨

中国农业出版社印刷厂印刷 新华书店北京发行所发行
2018年9月第1版 2018年9月北京第1次印刷

开本:787mm×1092mm 1/16 印张:11.75 插页:8
字数:300千字
定价:200.00元